KB209422

중립화와 세계 정치

중립화와 세계 정치

2025년 1월 31일 처음 찍음

지은이 시릴 E. 블랙 · 리처드 A. 포크 · 클라우스 노르 · 오런 R. 영
옮긴이 강종일 · 양재섭 · 임상우
펴낸곳 도서출판 동연
펴낸이 김영호
주 소 서울시 마포구 월드컵로 163-3
등 록 제1-1383호(1992. 6. 12.)
전화/팩스 02-335-2630/ 02-335-2640
이메일 yh4321@gmail.com
인스타그램 instagram.com/ dongyeon_press

잘못된 책은 바꾸어 드립니다. 책값은 뒤표지에 있습니다.
ISBN 978-89-6447-077-0 03300

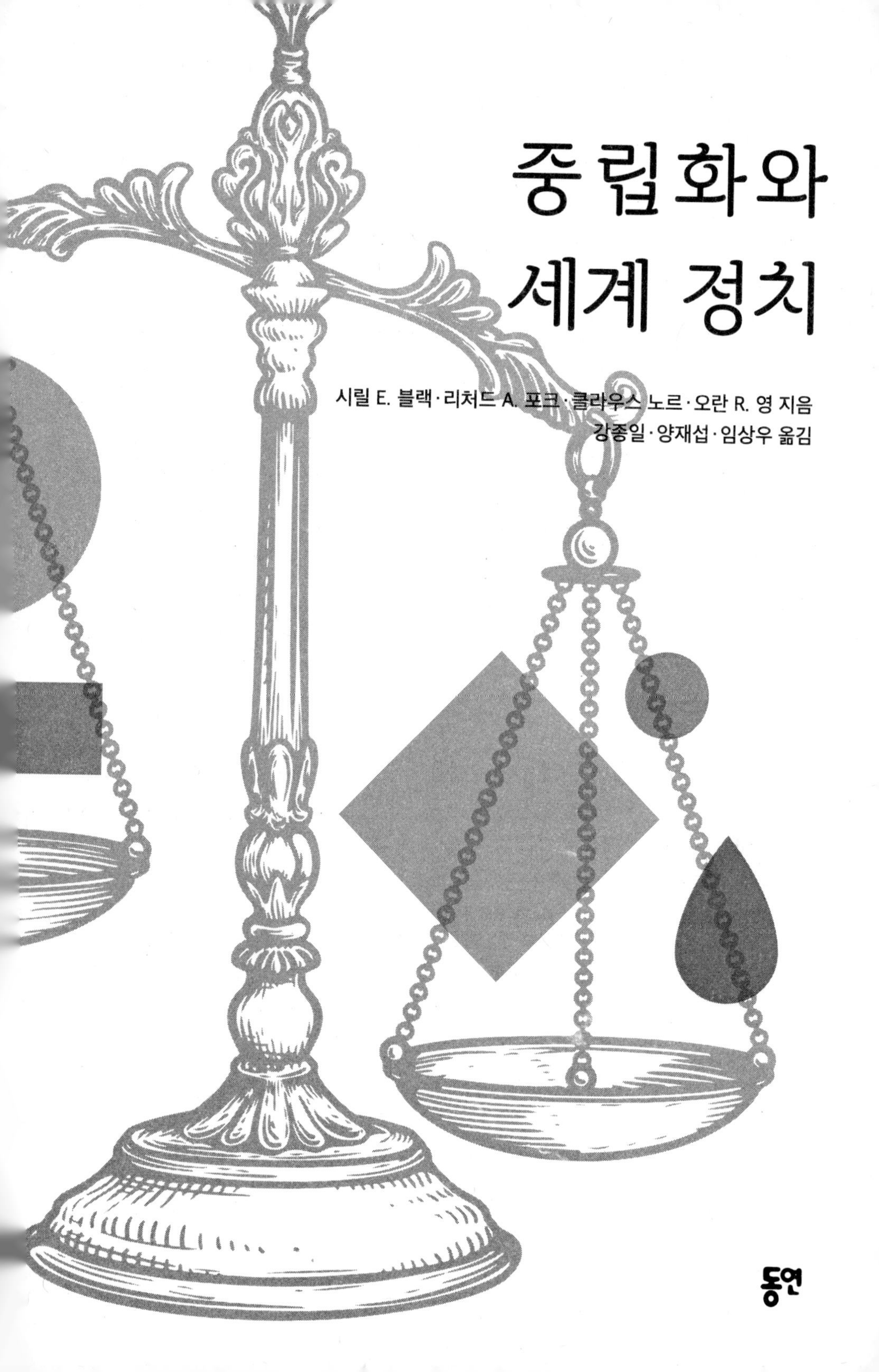

중립화와 세계 정치

시릴 E. 블랙 · 리처드 A. 포크 · 클라우스 노르 · 오란 R. 영 지음
강종일 · 양재섭 · 임상우 옮김

동연

옮긴이의 글

지금으로부터 140여 년 전 '한반도의 영구중립' 문제가 국제적 이슈로 등장했다. 아이러니하게도 그 말은 일본이 처음으로 사용했다. 일본의 목적은 조선과 중국의 전통적 유대 관계를 단절한 후, 조선을 식민지로 만들려는 의도였다. 북경 주재 일본 공사 에노모토 다카키(Enomoto Takaki)는 1883년 1월 중국, 영국, 독일, 프랑스, 미국 공사들에게 "조선의 영구중립 문제를 논의할 것"을 공식 제안한 것이다. 이에 대해 중국은 "조선은 전통적으로 중국의 속국인데 무슨 영구중립이냐"고 반대함으로써 일본의 계획은 무산되었다.

그로부터 8년 후 고종(高宗)은 조선의 영구중립을 위해 그의 모든 역량을 동원했다. 이를 위해 고종은 일본에 특사를 3회 파견했으며, 미국의 시어도어 루스벨트 대통령에게 특사를 6회나 보내 외교적 노력을 기울였으나 당시 강대국들은 침략적 야욕이 있었을 뿐이었다. 그러는 사이에 국가의 운명을 획기적으로 변경할 원대한 꿈을 가지고 대한제국을 선포(1897. 10. 12)하고 황제에 올랐던 고종 황제는 일본과 미국의 무반응에 대응하여 1904년 1월 20일 "조선은 영구중립국"임을 선포하고 외국 군대의 철수를 요구했다. 그러나 일본은 1904년 2월 10일 러일전쟁을 일으켜 고종 황제의 정책을 무산시켰다. 하지만 고종 황제는 1905년 1월 러일전쟁 취재차 대한제국에 온 영국 「트리뷴신문」의 더글러스 스토리(Douglas Story) 기자에게 영국의 왕에게 지원을 요청하는 5개 항의 비밀문서를 주었다. 고종의 비밀문서는 1905년 2월 8일 자 「트리뷴지」에 보도되었다.

결국 대한제국은 1910년 8월 29일 일본제국의 식민지가 되었다. 그리고 1919년 3.1혁명 과정을 거쳐 임시정부에 의해 수립된 대한민국은 1945년 제2차 세계대전의 종전과 함께 광복을 맞이하였다. 그러나 한반도는 1945년 8월 미 · 소에 의해 분단되었고, 1950년 전쟁을 했다. 분단된 남북에서는 79년이 지난 오늘날에도 여전히 갈등과 대립이 더욱 깊어지고 있다. 이제 고종 황제의 영구중립 정책은 분단된 한반도의 영구 평화와 안정을 위해 아직도 유효하다고 믿는다. 남북은 주변 강대국들의 패권 경쟁 속에서 분단을 극복하지 못하고, 미국과 중국의 영향에서 아직도 벗어나지 못하고 있다. 이제 남북과 해외에 있는 8,000만 동포에게 영구중립은 한반도의 영구 평화와 안정을 위해 선택이 아닌 필수 조건으로 넘어야 할 과제이다.

옮긴이들은 남북 국민의 영구 평화와 안정을 위한 대안으로 영구중립을 연구하고 있다. 남북의 동포들에게 영구중립 의식을 고취하는 데 조금이나마 도움을 주기 위해 미국 프린스턴대학교 시릴 블랙(Cyril Black) 교수팀이 1968년 발간한 『중립화와 세계 정치』(*Neutralization and World Politics*)를 번역하게 되었다. 출판된 지 반세기를 넘기면서 중립화 연구의 고전으로 평가를 받는 이 책을 통하여 국내 연구자들이 중립화에 관심을 가지는 계기가 되기를 바라는 마음이 간절하다. 지은이들의 주장이 '완벽'하다고 믿지는 않는다. 반세기 전에 통찰한 기본적 내용이 현재에 어떻게 적용되었는지와 또 일부 빗나간 전망을 확인할 수 있는 점은 현실을 탐구하는 데서 장점이 아닐 수 없다. 중립화를 이해하는 데 커다란 도움이 될 것으로 믿는다.

이 책을 출판하는 데 있어 김삼열 님(독립유공자유족회장), 중립코리아국제연대(이사장 미광선일 님), 꼬마평화도서관(대표 변택주 님), 한반도중립화를 추진하는 사람들(상임대표 이현배 님), 박상배 님, 반연숙 님, 김영애 님(우리누리평화운동 대표) 등 평소 중립화 운동에 헌신하고 있는 여러 기관과 동지로부터 물심양면의 도움이 컸음을 밝히지 않을 수 없다. 중립화 평화가 넓게 펼쳐져 열매 맺힐 것을 확신하면서 고개 숙여 고마운 마음을 전해드리며, 상업성이 부족한 이 책의 출판을 흔쾌히 수락해 주신 도서출판 동연의 김영호 대표님과 편집진 여러분께도 감사를 드린다.

2024년 12월

옮긴이들

머리말

19세기 스위스, 벨기에, 룩셈부르크의 중립화는 영구중립 국가의 국제적 지위가 한때 국제 체제에서 국가를 관리하는 중요한 수단이었음을 우리에게 상기시켜 준다. 중립화에 관한 관심이 상당히 훼손된 후, 두 가지의 이유로 중립화 문제가 다시 소생하게 되었다. 하나는 오스트리아가 1955년 영구중립국이 되고, 라오스가 1962년 영구중립 국가로 승인된 것이며, 다른 하나는 풀브라이트 상원 의원, 드골 대통령, 롬니 주지사, 조지 케넌 등 저명한 인사들이 베트남전쟁을 조기 종결하기 위해 정치적 타협으로써 중립화를 제안한 것이다.

상원 외교위원회의 권유로 우리는 1966년 봄 동남아시아, 특히 베트남의 갈등을 해결하는 데 중립화를 적용하는 것에 관한 간단한 연구를 수행하였다.[1] 그러한 경험의 결과로 우리는 중립화에 관한 생각이 지금까지 국제관계의 현대적 학문으로 취급을 받았다는 것을 확신하게 되었다. 이 책은 최종 작업이라고 주장하는 것이 아니다. 국제 분쟁의 회피 또는 해결과 관련된 개념으로서 중립화의 매력과 위험에 대한 이해를 촉진하기 위해 주요 문제들을 자세하게 검토하여

---

1 "동남아시아 중립화: 문제점과 전망" (Washington D. C., October 10, 1966). 미국 상원 외교관계위원회의 요구에 따라 수행된 연구.

예비적 방법으로써 그러한 욕구를 충족하려는 것이다.

중립화는 제한된 적용 가능성의 개념이다. 특히 4장에서 우리가 분명히 하려고 하는 것처럼 주권 국가는 중립화에 적합한 후보가 아니다. 사실상 중립화는 전략적 위치나 상징적, 정치적 가치로 인해 주요 지역 또는 세계적 경쟁자들 사이의 통제 또는 지배적 영향력을 위한 경쟁의 초점이 되었거나 될 위협이 있는 상대적으로 작은 국가들에게 잠재적이고 매력적으로 보인다. 전 세계에서 약소국을 통제하기 위한 투쟁 방식이 위험하고 파괴적이며, 중립화가 외교적 타협의 형태로 탈출구를 제공할 수 있는 상황들이 자주 발생한다.

사실 중립화는 영구중립의 공식적 상태이다. 그 국가 지위의 특정한 속성은 국제 협상의 결과로써 반영된다. 중립화는 명확하게 구체화할 수 있는 단일 개념이 아니라 중립화의 계약으로 귀결되는 협상의 과정에서 관심사들의 특정한 수렴을 표현하는 데 이용될 수 있는 다양한 잠재적 형식이다. 중립화는 일반적으로 부여된 국가 지위로 생각되지 않으며, 이는 중립화된 국가의 정부와 주변 경쟁국의 정부가 복지와 자율성에 대해 다양한 관심을 갖게 한다. 이러한 주변 국가들은 중립화의 보장국으로서 역할을 할 수 있으며, 그 상태를 존중할 것을 약속하고, 협정이 위태로워질 경우 그 협정 유지를 위한 행동의 의무를 수행해야 한다.

그런데 대체로 중립화는 국정 운영의 유연한 수단으로서 이해된다. 그 역할은 파괴적 지역이나 글로벌 경쟁의 무대에서 약소국을 구제하는 방법을 찾는 것으로 제한된다. 핵 대결의 위험이 강조되는 교착 상태와 대치된 시대에 군사적 교착 상태를 정치적 교착 상태로 전환하기 위해 고안된 기술로서 외교의 여지는 있게 된다. 중립화는 일부 상황, 특히 약소국가의 국내 투쟁과 경쟁적 개입의 상황에서 그러한 변형의 가능성을 제공하게 된다. 옛날 식민지 세계는 지배적 통제를 위해 지속적이고 폭력적이지만 결정적이지 않은 경쟁에서 취약성이 드러나는 다양한 국가적 환경을 제공한다.

중립화의 조건에 대한 합의된 어려움을 과소평가해서는 안 되며, 한 번 합의한 국가 지위를 유지하는 문제도 과소평가해서는 안 된다. 중립화의 실현 가능성은 관련 정부 간의 수렴된 이해관계의 범위 안에 존재하고 합리적 연속성에 크게 좌우된다. 그럼에도 불구하고 중립화를 협상하거나 유지하는 데 문제가 없는 것은 아니지만 다른 어떤 대안보다도 중립화가 그나마 주어진 맥락에서 문제의 소지가 덜 한 셈이다. 부단히 고려하면 중립화는 문제가 된 국가에 대해 비교적 결함이 적은 외교적 대안이 될 수 있기에 놀랍게도 협상 가능한 문제로 부각될 수 있다.

이 책이 특정 분쟁 상황에서 중립화가 부단히 고려되고 장려되는 데 쓰이기를 희망한다. 특히 베트남 정책의 형태와 본질에 대한 논의에 중립화 가능성이 본격화되길 바란다. 동남아시아 국가의 특수한 도전을 넘어, 우리는 중립화가 국가 관리를 위한 여러 수단 중 하나로 현대적 국정 운영 목록에 포함되기를 희망한다.

저자들은 이번 기회를 빌려 프린스턴대학교 출판부의 윌리엄 제이 맥크룽(William J. McClung)과 샌포드 대처(Sanford G. Thatcher)의 격려와 신중한 편집 지원에 감사드린다. 또한 1962년 라오스의 중립화 협정으로 이어지는 협상에 대한 흥미로운 분석을 제공한 프린스턴 학부생 스테픈 푸제시 주니어(Stephen Fuzesi Jr.)에게도 감사를 표한다.

시릴 E. 블랙, 리처드 A. 포크, 클라우스 노르, 오란 R. 영

차 례

서론

정의와 특성

일반적으로 기존의 중립화(neutralization) 정의는 다음과 같다. 중립화 국가는 자신을 방어하기 위한 경우를 제외하고는 다른 국가에 무기를 들지 않으며, 그의 중립화 지위를 타협하는 어떠한 조약의 의무를 갖지 않는다는 조건에서 중립화 국가의 정치적 독립과 영토의 통합을 강대국들과의 집단적 협정을 통해 영구적으로 보장받는 제도적 장치이다. 중립화의 상태는 전시뿐 아니라 평시에도 계속 유효하므로 영구중립(permanant neutrality)으로도 자주 지칭된다. 중립화는 과거에도 그렇게 해석되었고, 미래에도 그렇게 될 것이며, 협의의 정의는 어울리지 않으므로 보다 광범위한 형태를 취하게 될 것이다. 모든 경우를 포괄할 수 있는 중립화의 정의는 다음과 같은 용어로 표현할 수 있다. 중립화는 특정한 영역이나 특정한 국가의 조치를 제한하기 위해 고안된 특별한 국제적 지위이다. 중립화의 변형된 범위가 더 다양할 경우 중립화의 개념은 더 많은 내용을 포괄하게 될 것이다.

중립화 대상이 되는 지역들은 세 가지 종류로 구분된다. 첫째는 스위스, 오스트리아, 라오스와 같이 국제적으로 인정되고 정부가 있는 지역들이다. 둘째는 가자지구(Gaza Strip)나 카슈미르(Kashmir)와 같이 국제적으로 인정된 정부는 없으나 사람이 거주하는 지역들이다. 셋째는 남극에 있는 강들이나 수로들, 우주 공간과 같이 사람이 거주하지 않는 무주의 지역들이다. 중립화는 외부 국가들의 활동을 규제한다는 의미에서 세 가지 영역이 모두 중립화가 될 수 있다고 할지라도, 사람이 살지 않는 지역과 정부가 승인되지 않고 사람이 거주하는 지역들은 특수한 경우들이다. 효과적이고 승인된 정부가 있고, 사람이 거주하는 지역만이 외부 국가에 대한 상호 규제 활동을 취할 수 있다. 앞으로 알게 되겠지만 그러한 보완적 의무들은 중립화의 고전적 사례들로 중요한 부분이다.

사람이 거주하지 않은 중립 지역에서 국가의 행위에 대한 규제는 예를 들면 군사기지 건설 등 군사적 목적으로 사용을 금지하거나 해당 지역의 전부 또는 일부에 대한 국가의 주권 취득을 금지하는 형태이다. 주민이 거주하는 중립 지역에 대한 국가 행동은 두 가지 의무, 즉 군사적 공격 금지와 중립 지역의 내정에 간섭하지 않는 의무 중 하나 또는 둘 다 규제될 수 있다. 그러나 이미 언급한 바와 같이 해당 지역이 인정된 정부가 있고 주민의 거주 지역인 경우 이러한 의무들은 중립국의 상호 의무와 균형을 이루게 된다. 이러한 제한들은 자체 방위를 제외하고는 군사력을 사용하지 못하고, 다른 국가들도 군사적 목적으로 영토를 사용하지 못하며, 국내 문제를 간섭하지 못하고, 중립 상태를 손상하는 동맹 또는 기타 국제협정을 체결하지 않으면서 다른 국가들의 내정에 간섭하지 않는 것 등이다.

영구중립은 중립화될 국가와 강대국(1815년 스위스의 영구중립) 간에 체결하는 또는 강대국뿐만 아니라 약소한 국가들도 참여(1962년 라오스의 중립화)하는 국가들 사이에서 일반적으로 국제적 협정에 따라 체결된 하나의 특별한 국제적 양태이다. 물론 주변 약소국과의 합의로 약소국을 중립화시키지 말라는 법적 근거는 없다. 어떤 국가는 일방적 선언을 통해 스스로 중립화를 선언할 수 있다. 이는 다른 국가들이 인정하는 즉시 국제적 지위를 획득하는 행위이다.[1] 그러므로 오스트리아 정부가 1955년 자력으로 추진한 영구중립은 소련, 미국, 영국, 프랑스 및 외교관계를 가지고 있는 다른 나라들에 의해 인정되었다. 다른 국가가 인정하는 이러한 형태의 영구중립은 국제적 중립화 조약의 결과보다는 덜 명확하게 정의되지만, 그 효과는 공식적 약속보다 정치적 현실에 더 의존하는 것이다.

국제적 중립화 협정은 위에서 언급한 종류의 상호 의무에 관한 내용을 설명하고, 일반적으로 집행을 위한 다양한 조항들도 만든다. 정상적인 집행 조항은 중립국이 그 지위를 유지하는 데 도움을 주고, 특히 그 지위가 고의적인 침략으로 침해되었을 때 도움을 주기 위한 다른 서명 국가들의 보장이다. 원칙적으로 그러한 보장은 보장 국가에 세 가지 종류의 책임을 부과할 수 있다: 첫째, 집단적, 둘째, 개인적, 셋째, 집단적이고 개인적 모두. 마지막 종류는 연대 보장이다.

---

1 스웨덴은 동맹을 기피하면서 전쟁 중 중립 정책을 추구하지만, 법적으로 인정되는 지위는 누리지 못하고 있다. 캄보디아도 마찬가지다. 물론 이러한 국가들은 언제든지 중립 정책을 자유롭게 변경할 수 있다.

예를 들면 중립화 협정은 서명한 조항의 준수를 실천하기 위한 장치와 같은 실행을 지원하는 기구를 만들 수 있다. 라오스 중립화에 관한 1962년 협정은 바로 이러한 목적을 위해 통제위원회를 설립한 것이다.

중립화 협정들은 중립의 상태가 영구적이라고 자주 규정한다. 하지만 중립화는 특정한 기간으로 제한할 수 없다고 할 이유도 없다.

때때로 중립화와 혼동되는 비무장화(demilitarization)는 국제적 보장을 내포할 수 있지만, 분명히 다른 정책의 조치이다. 역사적 기록에 따르면, 중립화된 국가들이 비무장화한 경우는 거의 없다. 라인란트(Rheinland)의 비무장화(1919~1935)는 정치적 관점에서 독일이 해당 지역을 중립화하지 못했다. 비무장화는 주민들에게서 조직화된 군대를 박탈할 뿐이다. 중립화는 기본 기능을 수행하는 경우 해당 지역에 대한 다른 국가의 행동을 통제하거나 해당 지역을 정치적으로 중립화하지 않는다. 그러나 주(州)나 도시 또는 주 일부의 비무장화는 중립화와 관련지어 생각할 수 있다.

중립주의(neutalism)와 중립화는 엄연히 다른 현상이다. 유고슬라비아, 아랍연합공화국(UAR), 인도, 미얀마와 같은 국가들은 때때로 스스로 중립주의 입장으로 정의했으며, 여러 가지 이유로 공산주의자들 사이의 영향력을 위한 세계적 투쟁에서 스스로 분리시키는 것 이상 할 수 없었다. 한편으로는 강대국이고, 다른 한편으로는 미국과 그 동맹국이다.[2] 실제로 대다수 중립주의 국가는 이러한

---

2 Peter Lyon, *Neutralism* (Leicester, 1963), 특히 제1장, 제7장.

태도를 강하게 비난했다. 그러나 그들은 이러한 동서 대립에 대해서만 비동맹이기를 원했다. 그들은 자체 중립화라는 의미에서도 중립화되기를 원하지 않았고, 중립화가 부여하는 의무도 받아들이기를 원하지 않았다.

또한 중립화는 중립(neutrality)과도 다르다. 중립은 다른 국가 간의 충돌(일반적으로 군사적 충돌)에 대한 국가의 입장을 설명한다는 점에서 중립주의와 유사하다. 중립은 진행 중인 전쟁에 참여하지 않는 정책이다. 그것은 중립화와 마찬가지로 국가 간 강제를 방지하거나 완화 또는 종료하는 것과 관련이 없다. 그러나 중립주의와는 달리 중립은 외교적 또는 정치적 입장일 뿐만 아니라 법적 기준이기도 하다. 물론 중립화는 형식적 적대시에만 중립이 되는 것이 아니라 영구중립을 의미한다고 말할 수 있다.

중립화의 기능들

중립화의 중요한 기능들은 제1장에서 검토할 것이다. 중립화의 역할에 따라 다른 종류의 국가와 관련되므로 이러한 기능을 요약하는 것이 유용할 수 있다. 관련된 모든 국가의 관점에서 중립화는 불안정한 국제정세를 안정시키거나 한 지역의 현상 유지가 강압으로 동요되지는 않더라도 심각하게 교란되는 것을 방지하는 역할을 할 수 있다. 따라서 중립화의 기능은 국제 질서를 강화하고, 국가 간 강제력을 규제하며, 중립화된 국가와 관련된 국제 분쟁의 해결을 수용하게 하고 국제 규범과 제도로 외교에 맡기는 것이다. 중립화 국가의 관점에서 보면 중립화의 효과는 그 국가의 군사적 안보와 정치적, 영토적 통합을 지원하는 것이다. 중립화 지역의 지위에 대해 강력하고 경쟁적인 이해관계를 가진 보장 국가들의 입장에서 중립화는 여러모로 비용이 많이 드는 군사적 행동, 무엇보다 중요한 분쟁으로 확대될 위험이 있는 군사적 행동을 제지하거나 중단시킬 수 있다. 그리고 그들 사이의 위험한 전쟁, 또한 강대국이나 주변국의 입장에서도 중립화는 국제적 세력 균형이 자신들에게 불리하게 돌아가는 것을 방지하는 데 도움이 될 수 있다.

중립화의 기능들은 역사적 연구에 이바지한다. 이는 제2장과 제3장에서 다룬다. 그러나 이 책은 주로 역사적인 것이 아니다. 이 책의 초점은 현대 세계에서 중립화의 유용성에 초점을 둠으로써 역사적 장은 선택적이고 현대적 관련성이 있는 것으로 보이는 선례를 탐색하고, 그렇지 않은 사례는 무시하거나 깊이 있게 다루지 않는다.

문제들

제1장에서 지적한 바와 같이 중립화는 국가 간 강제력을 규제하고, 국제 질서를 지원하거나 복원하기 위한 국정 운영의 한 가지 기술일 뿐이다. 그것의 유용성, 즉 그것의 확립과 유지를 위한 전제조건은 그 특성에 따라 크게 다르다. 따라서 국제 평화와 평온을 유지하거나 국제 분쟁을 종식 또는 완화하는 수단으로서, 일부 상황에서는 다른 상황보다 더 실용적이며 다른 상황에서는 전혀 관련이 없다. 이러한 문제들은 제4장에서 분석한다.

중립화의 특징 중 하나는 자체 중립화의 경우를 제외하고는 고려 중인 영역에서 영향력을 놓고 경쟁할 수 있는 정부 중 적어도 일부가 정부 간의 협상이 되어야 한다는 것이다. 중립화는 예방적 조치라기보다는 개선적일 때 그러한 논쟁을 피하는 것보다 국가 간의 강제를 종료하고, 완화하는 것이 문제가 될 때 항상 그러하다. 중립화는 관련 국가들의 이해관계가 충분히 수렴되고 관련된 이해관계가 중립화할 영역과 관련하여 직접으로 문제가 되는 이해관계가 아닌 경우에만 발생할 수 있다. 강대국의 경우 이러한 국가적 이익은 그들 사이의 전반적인 글로벌 관계와 중립화 수용이 다른 정부에 의해 국가들의 지위와 권력의 지표로 어떻게 해석될 수 있는지에 대한 정부들의 기대에서 비롯된다. 협상의 복잡성은 제5장에서 논의된다.

중립화는 유지 관리나 집행 문제들을 일으킨다. 중립국이 효율적인 정부와 정치적으로 단결력 있는 인구를 가지고 있다면 더 강한 국가의 무장 공격에 취약할 수 있지만, 간접적인 형태의 강압적 개입에는 무적이다. 1914년 벨기에 침공과 마찬가지로 직접적인 군사 공격에 의한 중립화 지위의 위반은 매우 눈에 띈다. 그러한 위반의 가능성은 위반 국가가 예상하는 보복에 달려 있다. 중립국이 다른 형태의 개입주의적 강압에 취약하고 아마도 이미 그러한 개입의 대상이 될 때 통제와 집행의 이중적인 문제가 발생하기 쉽다. 그들의 성격과 심각성은 중립 지역의 특성, 실제 또는 잠재적 개입 세력이 이용할 수 있는 자원과 접근, 내부 문제에 대한 일방적 또는 경쟁적 개입으로 이어졌거나 이어질 수 있는 정치적 이해관계에 따라 달라진다. 그러한 개입을 방지, 종료 또는 최소한 완화하는 어려움에 대처하기 위해 중립화 협정은 감독 및 통제를 수행할 적절한 기관을 지정할 수 있다. 이러한 형태의 문제들은 제6장에서 연구한다.

마지막으로 유엔과 지역 기구의 평화유지 기능과 관련하여 중립화가 고려되어야 한다. 유엔이 헌장을 이행하는 데 완전히 효과적이라면, 직접 침략뿐만 아니라 유엔 차원에서 '간접 침략'이라고 부르는 것과 관련하여 평화유지를 더 명확하게 정의한다면 중립화의 필요성은 사라질 것이다. 이러한 단점이 아직 극복되지 않았기 때문에 중립화는 유엔의 임무를 지원하고 유엔 활동을 보완하는 평화유지 수단으로 간주될 수 있다. 예를 들어 유엔이 협상, 감독, 통제 및 집행과 관련하여 중립화 조치를 지원할 수도 있다는 것은 확실히 생각해 볼 수 있다. 다른 한편으로는 중립국에 부과된 행동 규칙이 헌장의 집단안보 조항에 내포된 유엔 회원국의 책임과 양립할 수 있는지 여부에 대한 질문이 있을 수 있다. 지역 안보 조직의 구성원도 비슷한 질문을 제기할 수 있다. 이러한 문제들은 제3장과 제7장에서 탐구한다.

1장 중립화와 국제 체제에서의 국가 관리

1815년 개최된 빈 회의는 프랑스 혁명과 나폴레옹의 제국 건설에 의해 촉발되었던 피비린내 나는 격변 이후 일반적 문제 해결의 일환으로 스위스의 중립화에 동의했다. 빈에 모인 국가들은 당시 그들의 사고방식이 국제 체제의 핵심이었던 유럽 체제를 안정시키는 데 관심을 가졌다. 스위스의 중립화는 전체 의제 중에서 작은 부분에 불과했지만, 의식 있는 예방외교의 활동이었다. 그것은 새로운 국가 간의 세력 균형이 깨지는 것을 방지하는 것이었고, 특히 프랑스, 오스트리아, 독일, 이탈리아의 저지로 자유로운 통신을 통제받은 주변의 몇몇 작은 국가들과 공통의 국경을 가진 나라를 정복하거나 군사 동맹을 맺게 하는 강대국의 연합에 의해 조작된 혼란을 차단하기 위한 것이었다.

1955년 프랑스, 영국, 미국은 소련의 요청에 따라 오스트리아의 중립화를 묵인하여 이 나라의 전후 점령을 종식하고 주권 독립을 회복하는 길을 열었다. 이러한 행동은 일반적인 전후 합의된 일부가 아니었다. 실제로 1950년대 중반에는 유럽 대륙의 분단을 강조한 두 개의 적대적 동맹 체제가 공고하게 확립되었다. 그럼에도 불구하고 분단선에 위치하고 전략적 중요성의 교차로를 점유하고 있는 작은 나라는 두 진영 사이의 경쟁에서 제외되었다. 이러한 정치적 행동은 외국의 지배로부터 작은 국가를 해방 시켰을 뿐만 아니라 특정한 지리적 영역에서 위험하고 불안정한 원인을 제거하게 되었다.

1962년 미국, 소련, 중화인민공화국을 포함한 많은 국가가 외국의 지원을 받은 국내 세 개 정파의 분쟁으로 인해 오랫동안 계속된 내전에 휩싸여 있는 라오스를 중립화하기로 합의했다. 하지만 이 법안은 전반적인 해결 또는 지역 분쟁의 일부 해결도 아니었고, 약소국을 둘러싼 국제적 갈등을 막으려는 목적도 아니었다. 오히려 그 목적은 가능한 범위에서 분쟁을 종식시키거나 적어도 완화시키는 것이었다. 완전히 규제되지 않으면 오히려 해당 지역에서 매우 혼란스러운 불안정한 원인으로 남아 더 위험한 큰 화재로 확장될 가능성이 있었다.

더 추가될 수 있는 이러한 세 가지 예는 과거 몇 차례에 걸쳐 강대국들과 더 작은 약소국가들이 중립화를 국제 안정을 강화하거나 국제적 불안정을 완화하는 유용한 도구로 간주하여 그들의 상호 이익을 위해 활용했다는 것을 우리에게 상기시켜 주고 있다.

주권 국가들이 국제 협약으로 중립화 국가가 되면 자위권과 내부 질서 유지 이외의 목적으로 군대를 사용하지 않으며, 다른 국가와 군사 동맹을 체결하지 않으며, 다른 국가가 그 영토를 군사적 목적으로 사용할 수 없다. 중립화 조약의 다른 당사자는 항상 중립국의 지위와 무결성을 존중할 의무가 있다. 또한 그들은 종종 다른 권력에 의해 중립국의 지위와 무결성이 침해되는 경우 중립국을 돕기 위해 합의에 따른 행동이 요구된다. 그러한 조치를 취함으로써 그들은 중립화 조약의 보장국이 된다.

중립화의 주요한 목표는 중립화된 국가나 지역을 특정한 형태의 국제 분쟁으로부터 보호하는 것이다. 유엔 회원국의 경우 중립화된 국가는 다른 국가에 대한 군사적 공격에 참여할 법적 자유를 이미 포기했으며, 다른 국가들과 함께 군사적 활동을 시작하거나 추가적인 자유를 포기한 상태이다. 그 대가로 안보는 향상된다. 중립화 보장 국가는 중립국에 대해 특정한 종류의 강압적 행위를 행사하지 않으며, 중립국의 지위가 침해될 경우 도움을 주겠다고 약속하게 된다. 그 대가로 그들은 경쟁국의 강제력에 대한 중립국의 취약성이 줄어들고, 이러한 경쟁국과의 위험한 군사적 대결의 위험이 감소하는 이익을 얻는다.

이미 외부 국가들에 의한 경쟁적 개입이 수반되는 갈등의 대상이 된 상태에서 한 나라가 중립화될 경우, 중립화는 갈등 종식 또는 최소한 갈등 완화의 목적을 달성하게 된다. 현재 그러한 난관에 있지 않은 국가에 그러한 상태가 부여될 경우 중립화는 충돌을 회피하려는 목적에 어느 정도 부응하게 된다. 어느 경우든 중립화는 국제 분쟁 관리를 위한 기술이며 국제 체제의 일부로서 권력 행사를 억제하고, 이에 따라 어느 정도 규제를 받게 된다.

빈 회의 당시와 마찬가지로 중립화는 갈등을 회피하는 하나의 기술로, 즉 예방 조치로 이용되는 데 적합하다. 중립화의 이러한 기능은 주요한 국가들이 고비용 형태로 나타나는 갈등의 재발을 방지하는 데 지대한 관심을 공유할 때나 공유하고 있는 이해관계의 균형이 경쟁적으로 행동하기보다는 협력을 선호할 때 주로 작동하게 된다. 강대국들은 부당한 피해와 위험을 방지하면서 잠재적 분쟁 지역의 중립화에 동의한다. 반대로 경쟁적 이해관계가 협력적 이해관계를 지배하는 경향이 있을 때나 대립적 갈등 확률이 높을 때 중립화는 특히 비용이 많이 들거나 최소한으로 위험한 갈등을 종식하거나 완화하는 수단의 도구로서 나타나게 된다. 즉, 중립화는 개선조치로서 스스로 나타나게 된다. 이러한 기능은 중립화가 불안정하고 비용이 많이 들고 위험한 교착 상태를 보다 안정적이고 비용이 적게 들고 덜 위험한 교착 상태로 전환하는 수단으로 사용될 수 있을 때 강조되는 경향이 있다. 그런 다음 합의에 필요한 기반을 형성하는 것은 군사적 손실과 위험을 감소하는 것이다.

이러한 가능성들은 국제적 강제력의 사용을 억제하기 위한 도구가 심각하고 잠재적인 불안정한 영역이 많고, 일부 강대국과 중간 강대국이 있는 현대 세계에서 같은 목적을 달성하도록 만들어질 수 없는지에 대한 질문을 제기한다. 그럼에도 불구하고 불안정한 상황을 완화하는 데 공통된 관심사를 인식하는 징후들을 보여 주고 있다.

특히 당시 미국과 소련은 계속해서 적대적인 목표를 추구하여 이러한 상황들에 관여하는 경향이 있으며, 특히 그들의 목표가 획득보다는 본질적으로 방어적일 때 상당히 주저함을 때때로 보인다. 개입은 경쟁국이 국제적 영향력에서 상당한 이득을 얻는 것을 거부하거나 자신의 영향력을 줄이거나 늘리려는 욕구에서 비롯된다. 이처럼 미국과 소련은 불안정한 중동 정세에서 경쟁적 구실을 하고 있다. 다른 국가들 또한 얽혀 있는 국제 연락망의 일부가 될 수 있다.

동남아시아와 남아시아에서는 미국과 중국, 중국과 소련, 소련과 미국이 치열한 경쟁을 벌이고 있다.

강대국들의 경쟁적 압박이 분명히 강한 것처럼, 이들 국가의 정부들은 통제할 수 없이 위험한 군사적 대립으로 확대될 수 있는 지경까지 그들의 충돌을 추구하는 압박을 현저하게 꺼리는 것을 보여 왔다. 적어도 그들은 이 정도로 협력할 동기를 공유하고 있다. 그리고 중립화는 이 정도까지 위험 수준에 도달한 갈등을 종식하거나 완화시키며, 수용할 수 없는 규모의 다른 비용을 부과하거나 특정 지역에서 이러한 종류의 갈등과 미래에 관여하는 것을 피하려는 수단으로 관심을 끌고 있다.

제3의 지역에서 충돌이 발생할 경우 중립화에 대한 합의를 위한 기본이 되는 것은, 이미 언급한 바와 같이, 교착 상태를 보다 안정적이고 덜 위험하게 처리하려는 공통된 욕망과 또는 여러 경쟁자 중 한 국가에 지나치게 부담이 된 상황에서 체면을 지키면서 빠져나갈 수 있도록 상호 이해관계에 따라 처리되는 것이다. 이상 두 경우 모두 이해관계가 갈등 완화 또는 갈등 종료의 매력적인 형태를 만들 수 있도록 충분히 수렴되어야 할 것이다.

갈등 회피 수단으로서의 중립화에 대한 관심이 무리한 생각으로 만드는 것처럼 보이는 현대 세계의 몇 가지 특징이 있다. 이는 현재 국제적 강압을 행사할 가능성이 있는 특징을 가지고 있다. 이 점에서 두 가지 형태의 강압이 구분되어야 한다. 하나는 고전적인 형태의 군사적 침략, 즉 한 국가가 다른 국가에 대해 무장 공격과 또는 위협을 가하는 것이다. 중립화는 이러한 유형의 강압을 최소화하는 데 과거에 유용한 것으로 밝혀졌지만, 현대 세계에서 특별히 선호되는 방법은 아니다. 특히 약한 국가에 대한 강대국과 중견국의 관행에 반대하는 유엔 헌장에 포함된 것을 망라해 다양한 제한이 있다. 훨씬 더 자주 수행되는 것은 내전을 조장하거나 간섭하는 수단을 통해 국가의 내정에 강압적으로 개입하는 것뿐만 아니라 약한 국가에서 수행된 권위를 전복시키는 관행에 관여하는 것이다.

현재 이러한 유형의 국제적 강압이 빈번하게 발생하는 여러 가지 조건이 나타나고 있다. 첫째, 군사적 자원뿐만 아니라 행정적, 경제적, 기술적 자원 측면에서 국가 간에 국력의 큰 격차가 있다. 둘째, 많은 신생 국가들이 군사뿐만 아니라 정치적으로도 기반이 약하다. 그들은 효율적인 정부와 정치적 통합이 부족하다. 그들은 정치적, 경제적, 사회적 변화 과정에 참여하면서 전통적인 삶의 방식이 잠식되는 반면 엘리트와 대중의 열망에 더 잘 적응하는 새로운 방식이 아직 통합되지 않고 있어 필연적으로 불안정성을 나타내고 있다. 이러한 불안정성은 결국 정치적 분열과 내전을 일으키는 경향이 강하다. 셋째, 이러한 저개발국 사회의 엘리트들은 토착 능력이 허용하는 것보다 눈에 띄게 빠른 속도로 급속한 발전에 몰두하고 있어 더 부유한 국가로부터 원조를 받기를 열망한다. 국력이 약한 국가의 결과적 의존성은 강한 국가의 개입 정책에 대한 길을 제공한다.

이 세 가지 조건이 강압적 개입을 위한 충분한 기회를 제공한다면, 추가 조건은 강대국에 이러한 기회를 포착할 강력한 동기를 제공하게 된다. 소련과 중화인민공화국은—특히 아시아에서 서로 경쟁하고 있지만— 명백히 현재의 국제적 현상 유지를 수정하는 데 열중하고 있다. 둘 다 영어권 국가와 서유럽 국가 그리고 그들과 관련된 국가를 자신들 이데올로기의 이미지와 같은 조직의 국가로 궁극적으로 대체하기를 갈망한다. 보다 즉각적으로 둘 다 세계 문제에서 자신의 영향력을 확장하고 '자본주의적 제국주의'의 요새로 간주하는 미국의 영향력을 감소시키려고 한다. 미국이 이러한 수정주의적 추진 운동에 반대하고 그들에게 저항할 것이란 것도 명백하다.

이런 것들은 강대국들이 약소국의 내정에 경쟁적이고 강압적으로 개입하는 조건들이고 그러한 개입을 광범위하고 집약적으로 만드는 경향이 있다. 그러나 이런 종류의 개입은 개입국뿐만 아니라 피개입국에게도 마찬가지로 생명과 재산의 손실이 될 수 있고 관련된 강대국 세력들 사이에 위험한 군사적 충돌을 포함하고 있기에 이러한 개입을 종식시키고 조절하거나 모두를 방지하고 국제 체제에서 강제력의 사용을 조절할 수 있는 국제적 합의는 고도로 유용할 것이다.

의심할 여지 없이 대부분의 작고 약한 국가들은 그러한 규제로부터 이익을 얻게 될 것이다. 강대국들이 군사적으로 충돌할 경우 약소국들은 고통을 당할 뿐만 아니라 그들 또한 경쟁적인 국제 강압의 실제적이거나 잠재적인 희생자가 된다. 그들은 강대국 경쟁자들의 움직임과 반격을 위한 작전 무대를 제공하기 때문이다. 작고 약한 국가들은 분명히 외국의 침입에 대한 문턱을 높이고, 그들의 통합과 생존을 위한 전제 조건을 낮추는 모든 조치에 관심을 가져야 할 것이다.

물론 중요한 질문은 강대국들의 혼합된 이해관계가 그러한 합의로 이루어질 수 있도록 충분히 수렴되는지 여부다. 언뜻 보기에는 그러한 질문은 국제적 현상 유지를 동결하는 것으로 생각할 수 있어 중립화와 관련하여 특별히 적절해 보인다. 현재의 세력 균형을 수정하려는 그들의 강한 의지를 감안할 때 중요한 공산주의 국가들이 그들의 힘의 균형이 그들에게 불리하게 작용하는 상황에서 아마도 일시적인 전술적 움직임을 제외하고 중립화를 수용하는 이유는 무엇일까? 그러나 문제의 사실은 중립화가 국제 현상 유지를 동결할 필요가 없다는 것이다. 우선 하나는, 이미 관찰한 바와 같이, 중립화는 개입하는 세력이 용납할 수 없을 정도로 비용이 많이 들지도 않고, 때때로 위험한 여건에서 벗어날 수 있는 체면을 제공하는 조치 역할을 할 수 있다는 것이다. 이 경우 현상 유지의 변화는 일시적으로만 가려질 체면인 것이다. 더 중요한 것은 중립화는 사회가 그들 자신의 정부 형태를 유지하고 개발 과정을 선택할 수 있는 자유를 보존하는 데 도움이 된다는 것이다. 만약 공산주의 강대국의 정부와 엘리트들이 자본주의 체제를 파멸시킬 것을 기대하는 역사적 세력의 추동을 진정으로 확신한다면, 그들은 기꺼이 이러한 세력에 의존하고 게임의 새로운 규정을 통해 금지되지 않는 수단으로 그들을 부추길 것이다. 마찬가지로 미국이 진정으로 민족적 자결권을 믿는다면, 미국이 토착 정치 세력의 역할로 인한 외국 혁명의 결과를 받아들일 준비가 되어있어야 한다. 이러한 중요한 측면에서 중립화는 현상 유지를 동결하지는 않는다. 그것의 유일한 효과는 외부로부터 강압적 개입을 억제하는 것이다. 강대국들은 단순히 개입의 자유를 자신의 이익을 보호하기 위해 개입할 필요성을 최소화하고, 개입의 상당한 비용과 위험을 줄일 수 있는 조건으로 교환할 것이다. 이러한 타협은 많은 경우에 거래가 성사될 것이다.

오스트리아와 라오스의 중립화에도 불구하고 중립화는 현대 정치가들 사이에서 유행하는 개념이 아니다. 그 역사에 비추어 볼 때, 국제 질서의 지역적 문제를 해결하는 방법으로 간주하려는 성향이 유럽에 널리 퍼져 있다. 또한 1950년대 중반 당시 소련 지도자들이 중부 유럽뿐만 아니라 아시아에 적용할 중립화 아이디어에 강하게 매료되었다는 것도 분명하다. 그들은 '평화공존'이라는 새로운 정책에 발맞추어 서방과 소련의 동맹 체제 사이에 중립국이라는 '회색지대'를 만드는 실용성을 모색했다. 그러나 이 시도는 미국의 지지를 얻지 못했다. 사실 지금까지 미국 정책 입안자들이 이 개념에 매력을 느꼈다는 증거는 없다. 그러나 앞선 분석은 책임 있는 정치가가 연구할 가치가 있으며 현대 세계에서 그들이 그것에 주의를 기울이도록 유도할 수 있는 요인이 작용하고 있음을 시사한다.

물론 현재의 국제 체제에서 중립화가 국가를 관리하는 만병통치약으로 간주되는 것은 매우 비현실적일 것이다. 아마도 통제할 수 없는 군사적 확대에 대한 두려움, 과거 특정 사례에서 발생한 막대한 개입 비용, 과거 경험이 시사하는 상당한 실패 가능성, 국제적으로 승인된 국가 행동 규범의 효율성이 점진적으로 증가함에 따라 발생하는 주의(注意)는 강대국들의 정부로 하여금 스스로 억제하거나 암묵적인 이해를 통해 어느 정도 이러한 억제를 조정하게 할 것이다. 그리고 결국 국제 체제에는 국가를 관리하는 다른 도구들이 있다. 과거에는 국가 간 강제를 규제하는 데 어느 정도 역할을 했던 국정 운영의 특정 기술이 여전히 존재한다. 하나는 세력 균형이고, 다른 하나는 동맹으로 인정된 영향력을 미치는 영역의 확립이다. 마지막으로 지금까지 실행을 시도했지만 대체로 실패한, 특히 유엔 헌장에 속한 지역 조직에도 포함된 집단안보의 개념인 것이다. 국제적 강압의 실행을 억제하기 위한 다양한 기술들은 세계의 질서를 유지하거나 과거에도 종종 그러했던 것처럼 미래에도 어느 특정 지역에서 질서를 회복하는 데 기여하게 될 것이다. 여기에서 강력하게 주장할 수 있는 점은 중립화의 개념이 정치가들의 도구 상자에서 하나의 도구로서 받아들여질 만하고, 상황이 유리하게 작용할 때에는 심각하게 고려되어야 한다는 것이다.

국제 질서를 유지하거나 강화하거나 복원하는 데 사용할 수 있는 모든 기술과 마찬가지로 중립화에도 단점과 결함이 있다는 데는 의문의 여지가 없다. 상대적으로 중립화를 많이 사용하지 않는 것은 의심할 여지 없이 그 단점들을 반영하고 있는 것이다. 중립화된 국가에 발생하는 이점이 무엇이든, 중립화는 또한 행동의 자유에 심각한 제한을 수반한다. 중립화 국가는 자위권을 제외한 무력 사용과 다른 국가에 대한 간접 침략을 포기해야 한다. 만약 동맹국이 있으면 그들과의 군사적 관계를 끊어야 한다. 내전의 경우 중립화된 정부는 국내 반군을 진압하기 위해 외국에 요청하는 것을 자제해야 한다. 유럽경제공동체(EEC)에 가입하려는 오스트리아의 요구에 대한 소련의 반대와 유엔에서 스위스의 부재가 보여 주듯이 회원 자격이 그 지위를 손상시킬 수 있는 경우 지역 조직이나 글로벌 조직에 가입하는 것이 금지될 수 있다. 간단히 말해서 중립국은 외교 정책에서 다양한 제한을 받는다. 역사적 기록에 의하면 그 어떤 강대국이나 중견국도 중립화 후보가 된 적이 없으며, 그러한 지위를 열망하는 국가가 중립화를 매력적인 것으로 여기지 않는 것을 당연하게 받아들일 수 있다. 심지어 일부 국가에서는 그것을 굴욕적인 지위로 여길 수도 있지만, 스위스는 분명히 그러지 않는다.[1] 이러한 모든 불이익과 아마도 중립화 조약에 명시된 다른 의무는 중립화가 비효과적으로 판명되더라도 수용해야 한다.

반대로 보장국들은 중립화 국가에 대해 반하는 결과를 용인할 준비가 되어 있지 않은 한 중립국에 대한 강압적 정책을 포기해야 한다. 예를 들면 보장국들은 중립국 정부에 반하는 국내 혁명가를 지원하거나 중립화 협정에 금지된 수단을 통해 국내의 반군에 대해 지원하는 것을 삼가야 한다. 더 나아가 보장국들은 잠재적 비용과 위험이 수반되는 의무를 부담하면서 중립국의 지위에 위반되는 경우 중립국을 도와야 한다. 사전 약속의 이러한 형태는 특히 군사 동맹에 관련된 공약보다 더 부담스럽지는 않지만, 유엔 헌장에 따라 가정된 모호한 공약보다 훨씬 더 부담스러운, 심각한 의무인 것이다.

중립화의 매력은 어떤 특정한 중립화 계획의 상대적 효과에 관한 정부의 예측에 달려 있다. 그러한 추정치의 불확실성의 요소에 대한 우려는 중립화 협정에 규정된 집행 조항에 따라 완화될 수 있다. 특히 협정에 연대 보장이 포함되어 있고 중립화 계획이 무너지면 각 국가는 협정 위반과 동시에 행동의 자유를 회복한다. 그러므로

---

1 스위스는 보장 국가의 보장이 그 의미의 대부분을 잃었고 그들의 지위가 주로 스위스의 군사적 사정에 달려 있는 것으로 보기 때문에, 중립화의 지위를 대부분 자랑스럽게 생각한다.

보장하는 국가는 대응 개입(counter intervention)으로 진행될 수 있고, 중립화는 침략자에 의해 위반되었기 때문에 국제적으로 허용되는 근거에 따라 그렇게 처리할 수 있다. 그러나 이러한 전망은 반드시 또는 완전히 안심할 수 있는 것은 아니다. 일방적 개입의 결과로 침해한 국가는 침해 당한 국가에서 벗어나기 어려운 점에서 편리한 입장을 취할 수 있다. 또한 보장국이 행동의 자유를 회복한 후 중립화 조치 이전의 상황과 비교하여 적어도 일시적으로 대응 개입 능력이 감소했음을 알 수 있다. 이러한 문제는 보장을 한 국가가 중립화를 위반한 국가에 대해 지리적으로 떨어져 있는 특별한 경우이다. 더 나아가 앞에서 언급한 바와 같이 대응 개입은 적절한 권한이 부여되지 않는 한 유엔 헌장으로 부여된 의무에 반하는 하나의 행동(initiative)이다.

중립화의 최종적이고 주요한 단점은 단순히 자체 중립화의 경우를 제외하고 관련 지역에서 영향력을 놓고 경생하는 정부 간에 최소 몇몇이 협상해야 한다는 것이다. 특히 불안정한 지역을 중심으로 중립화 합의 교섭은 중립화 문제 특유의 난관에 봉착하기 쉽다. 이미 언급한 바와 같이 강대국의 입장에서 본다면 중립화는 교착상태를 수용하거나 체면 탈피를 요구하는 수단을 제공한다. 중립화 행동에 대한 이러한 특수한 문제 외에도 강대국 간의 전반적인 관계는 그들 정부의 협상 입장에 영향을 미칠 가능성이 높으며, 협상 결과는 그들의 국가들이 누리는 관련된 국가들의 한 지표로서 광범위하게 설명될 수 있다고 기대한다.

중립화가 가능한지 여부는 관계된 주요 국가의 정부에 의해 순이익을 인지하여 중립화 협상이 가능하게 되기 때문에 경험적 문제이다. 그것은 특수한 상황의 특별한 환경을 참조하여 해결할 수 있는 문제이다. 그 정답은 협상 과정을 통해서만 확인할 수 있다. 그러나 물론 결과를 도출할 국가의 정부가 충분한 아이디어를 창출하고 여러 국가의 이익 균형이 중립화 수용을 배제하지 않는다는 결론을 내리지 않는 한 협상 과정의 개시는커녕 협상 자체에 대한 관심도 끌기 어려울 것이다.

중립화의 유용성에 대해 덜 비관적인 결론을 정당화하는 데 세 가지의 반대된 고려 사항을 생각할 수 있다. 첫째, 특정 지역에 대한 통제와 집행의 어려움이 커 보이지만, 협정의 주요 당사자들의 이해관계가 충분히 일치한다면 극복할 수 있을 것이다. 둘째, 국가 간 폭력을 규제하는 수단으로서 유용하기 위해 중립화 협정이 완벽하게 또는 영구적으로 작동할 필요는 없다. 특별한 계획이 10년 또는 15년, 심지어 5년 이상 작동할 가능성이 거의 없더라도 한동안 위험한 불안정성을 피하거나 완화한다는 측면에서 중립화는 여전히 가치가 있을 수 있다. 더욱이 군대가 직접적이고 대규모로 침략하는 것을 예방하는 데 중립화의 실패가 명백하고 결정적이라 해도, 그 중립화가 작동하거나 실패하지 않고 간섭이나 비정규전의 직접 형태를 완화하는 효과가 있느냐 없느냐 하는 것이 다소간의 문제이다. 성공에는 정도가 있을 수 있다. 경계를 넘어선 파괴적 활동이 완전히 또는 항상 중단되지 않더라도 그러한 위반에 대한 문턱을 높이고 일정한 한도 내에서 유지하면 많은 것을 얻을 수 있을 것이다.

셋째, 중립화를 협상하거나 시행하는 데 어려움이 있더라도 이를 극복하고 중립화가 적어도 부분적이거나 일시적인 성공을 거둔다면 이 결과와 이를 생산하는 노력은 대안적인 행동 과정 또는 비활동의 결과로 비교되어야 할 것이다. 국제적 폭력과 강압을 통제하려는 시도를 포기하는 것이 더 좋은가? 부분적으로나 불확실한 성공의 전망이 있더라도 중립화를 통해 간접적인 침략을 억제하는 것보다 자유의 고삐를 그대로 내버려 두는 것이 더 좋은가? 강대국들이 반대편에 개입하여 중요한 전쟁의 망령을 일으키는 것이 더 좋은가? 불화로 종종 마비되는 유엔에 의존하는 것이 더 좋은가? 여러 가지 상황 중에서 중립화의 전망이 좋지 않을 수 있지만, 가능한 대안들보다는 덜 나쁘지 않을 수 있을 것이다.

불이익 없이 국가 간의 폭력을 규제하는 대안적 방법들은 없다. 만약 중립화가 특별한 경우에 작동하지 않으면 이러한 다른 방법들도 마찬가지로 실패했거나 중립화가 성공한 곳에서도 실패했을 수 있다. 결국 세력 균형은 약한 국가가 군사적 공격을 받거나 내부 문제에 외부 개입이 다른 형태의 외부 강압을 겪는 것을 방지할 수 없는 경우가 많다. 대응 개입의 위협이 개입을 막지 못할 때 그로 인한 결과적 위험은 보다 효과적이고, 덜 위험하며, 비용이 덜 드는 통제 방법을 고려하는 정확한 이유이다. 동맹 또는 영향력의 영역권에 가입된 회원국은 동맹국 그룹 간에 존재하는 긴장과 적대감에 관여하지 않으려는 약한 국가의 요구와 충돌될 수 있다. 국가를 보호하는 것은 상대 국가의 독립성을 축소할 수 있다. 유엔이나 지역 기구들의 보호에만 의존하는 것은 안보에 의심스러운 근거만 제공할 수 있다.

중립화를 협상하고 시행하는 데 내재된 어려움에도 불구하고,

중립화 조약 당사자에게 부여할 수 있는 불이익에도 불구하고 중립화는 국제 폭력과 강압을 통제하고, 따라서 오늘날 세계에서 국제 질서를 지원하는 유용한 도구인 것처럼 보인다. 중립화가 세계적으로 적용되어 세계 모든 문제를 해결할 수 있다는 환상은 버려야 한다. 그러나 그들이 아직 그렇게 하지 않았기 때문에 중립화의 채택과 활동을 위한 조건들이 여기저기서 잘 나타나고 있다.

구체적으로 중립화는 불안정과 분쟁 가능성이 만연한 지역에서 국제적 폭력과 강압을 제거할 수 있다. 중립화는 국제적 강제를 완전히 방지하거나 중지할 수는 없더라도 완화할 수는 있다. 그리고 경쟁 세력에 타협, 특히 체면을 구하는 타협을 제안함으로써 이미 진행 중인 국제적 폭력과 강압을 종식시키는 데 도움이 될 수 있다. 그러므로 중립화는 분석적 관점과 현대 세계의 실질적인 문제에 대한 관점에서 모두 연구할 가치가 있다.

2장 중립화의 역사적 경험

중립화 국가들

오늘날 중립화의 중요한 목적은 국제적 논쟁의 대상이 되는 국가들을 위한 특별한 협정을 통해 평화를 유지하려는 것이다. 그 국가들의 중립화는 실질적 또는 잠재적 갈등의 원인과 관련되어 있다. 이는 중립화된 국가들이 갈등의 원인을 중지시키기 위해 공식적으로 합의한 수단을 통해 보장받고자 하는 것이다.

국가의 중립화는 중립의 개념에 대한 여러 가지의 적용 중 하나일 뿐이며, 명확함을 위해 이러한 중립의 개념을 위해 다른 용도들과 구별되어야 한다. 헌법이나 입법 행위를 통해 한 국가의 입장에서 중립의 일방적 선언을 종종 자체 중립화라고 하는데, 국제협정이나 국제 승인의 어떤 형태를 수반하지 못한다면 국제법에 따른 영구중립의 지위를 인정받지 못한다. 중립주의나 비동맹은 헌법이나 입법 행위가 아닌 정책의 성명서로 표현될 경우 스스로 중립화의 공식적 형태보다 미약함을 나타낸다. 또한 국가들에 대한 비무장화와 국제적 관리, 국가들의 일부, 영토 및 수로에 대한 다양한 형태들에 대한 관리가 있다. 그러한 조치들은 때때로 중립화로 언급되고 있으며, 그들은 중립화된 국가들을 위해 발생하고 있는 것과 유사한 국제적 보장의 정의와 유지에 관한 문제들을 설명하고 있다. 그러나 이러한 국제적 보장에는 두 가지 형태가 있는데 하나는 비무장 국가, '핵무장 금지' 지대, 국가의 일부, 영토, 수로에 관한 형태이고, 다른 하나는 중립화된 주권 국가가 직면하는 정치적 문제들을 공유하지 못한다는 점에서 다르다. 마지막으로 중립은 다른 국가들의 전쟁에 참여하지 않는 정책이다. 그러한 정책은 국제적 보장을 수반하지 않으며, 자체 중립화나 중립주의와는 달리 일반적으로 특정한 전쟁을 지칭하며, 장기간 적용할 수 있는 일반 원칙으로 제시되지 않는다. 1907년 제정된 헤이그 협약과 기타 문서들에 의해 정의되고 있는 중립국들의 권리와 책임은 전시에는 영구적으로 중립화된 국가들에게도 적용된다.

이 책의 주된 관심은 영구저(permanent), 영속적(perpetual), 중립에 대한 국제적 지위이다. 영구중립은 다른 국가들과의 조약으로 부여된 지위이다. 중립화는 일반적으로 중립화된 국가가 전쟁이나 동맹 그리고 전쟁으로 이어질 수 있는 다른 약속에 참여하지 않겠다는 조건으로 그 국가의 독립과 영토가 하나 그 이상의 다른 국가에 의해 영구적으로 보장되는 조약에 의해 공식화된다. 그러나 영구중립은 보장하는 정식 조약이 아닌 다른 수단에 의해서도 달성될 수 있다. '중립화' 용어는 국제적 승인의 다양한 형식에 의해 영세중립의 지위가 부여된 것과 관련해서 사용된다.

우리의 목적은 현대 문제들과의 관련성에 비추어 국가 중립화의 역사적 경험을 조사하는 것이기 때문에 영구중립의 주요한 사례들과 널리 적용되지 않는 것으로 보이는 예외적이고 유사한 사례들은 구분하여 검토한다.

영구중립의 주요 사례들은 스위스, 벨기에, 룩셈부르크, 오스트리아, 라오스다. 이러한 경우들을 고려하면 우리는 즉시 그들의 다양성에 충격을 받게 된다. 1815년 스위스의 중립화는 사실상 17세기와 18세기에 스스로 중립화 국가였던 것에 대한 국제적 승인과 보장을 보여 준 것이었다. 벨기에와 룩셈부르크는 보장국의 책임에 대해 약간의 의구심이 남는 환경에서 비무장화되었지만 고전적 중립화 개념에 더 가깝게 따랐다. 오스트리아는 공식적으로는 자체 중립화 국가였지만 사실상 소련과의 양자 협정의 결과였으며, 전례 없는 형태의 국제적 승인을 받아 시행되었다. 마지막으로 라오스는 보장국이 협상한 문서에 상당한 길이로 명시된 조건에 따라 중립화 국가가 된 유일한 국가이지만 문서는 비준을 위해 고안된 조약이 아니라 선언 형식이었다.

이러한 사례 중 어느 것도 현대 문제들에 쉽게 적용할 수 있는 모델을 나타내지는 않지만, 그럼에도 불구하고 각 사례가 제공하는 중립화의 중요한 측면에 대한 경험은 중립화를 적용할 수 있는 새로운 상황에 영향을 미칠 것이다.[1]

---

1 주제를 완전히 정의하는 최근 논문은 없다. 이용 가능한 연구 중에서 특히 Cyrus French Wicker, *Neutralization* (London, 1911); Karl Strupp, *Neutralization, Befriedung, Entmilitarisierung* (Stuttgart, 1933); Bernard Bacot, *Des neutralites durables. Origine, domaine et efficacite* (Paris, 1945); B. M. Klimenko, *Demilitarizatsiia i neitralizatsiia i neitralizatsiia*

스위스

스위스 중립의 전통은 개별 주(canton)들의 역사와 연방 정부의 역사에 깊은 뿌리를 두고 있다. 스위스가 공식 문서에 '중립' 용어를 최초로 사용한 시기는 1536년이지만, 연방 의회가 중립을 공식적으로 사용한 시기는 1674년 프랑스와 네덜란드 간의 전쟁에 대해 '중립의 입장'을 채택할 의향이 있다고 선언함으로써 사용되기 시작했다. 이러한 스위스 의회의 선언은 스위스 정치가들이 프랑스나 다른 국가들과 협정을 통해 스위스가 분쟁의 소용돌이에 휘말리지 않고 유럽의 세력 균형 체제 속에서 그들의 국가를 보호하고 영속적 평화를 추구하려고 시도한 기간(1516~1798)의 산물이었다. 그 결과 스위스는 1798~1815년 동안 유럽의 어떠한 전쟁에도 개입하지 않고 자체 중립화의 전통적 형태를 통해 국제 협약 채택을 위한 빌판의 무대를 마련하게 되었다. 현대 스위스의 영구중립 국가의 지위는 오스트리아, 프랑스, 영국, 프로이센, 러시아가 1815년 11월 20일 파리 협정을 통해 "스위스의 영구중립에 대한 그들의 형식적이고 확실한 승인을 선언했으며, 그들은 스위스의 영토통합과 불가침을 보장했다." 이 선언의 중요성은 그것이 1674년부터 1798년 사이에 수립된 스위스의 전통적 중립 정책을 '승인'한다는 것이다. 스위스 영구중립의 보장 국가들은 스위스 독립의 대가나 국제적 세력 균형의 이해관계 측면에서 스위스 주권을 포기하도록 요구하지 않았다.

---

v mezhdunarodnom prave (Moscow, 1963).

오히려 기존의 스위스 중립 정책이 유럽 국가 체제의 영구적인 특징으로 재확립되었다. 이런 점에서 스위스의 사례는 중립화 국가들의 연보 면에서 독특하다. 그러나 다른 면에서 스위스의 경험은 1830년과 1847~1850년의 혁명 기간과 1859, 1870~1871, 1914~1918, 1939~1945년의 전쟁 중에 일반적으로 적용할 수 있는 몇 가지 잘 정리된 원칙과 관행의 성과를 가져왔다.[2]

스위스의 경험에 비추어 볼 때 스위스 입법부가 1954년 11월 26일 채택한 중립에 관한 공식적 해석을 검토하는 것은 유익하다.[3] 이 문서는 통상중립과 영구중립 간의 본질적 차이는 없는 것으로 출발한다. 전자는 다른 국가 간의 전쟁에 참여하지 않는 것만을 포함하는 반면, 후자는 전쟁뿐만 아니라 평화 시에도 중립을 유지한다는 약속을 요구한다. 영구중립은 일방적으로 선언되거나 보장을 받는 것이다. 스위스의 중립화에 관한 1954년 성명은 두 가지 특징을 조합한 것으로, 1815년 5개 강대국에 의해 보장을 받은 결과로 단독으로 선언한 사례다. 그래서 스위스의 중립화 설명은 영구중립국의 평화 시 중요한 세 가지 의무로 전쟁 개시를 피하고, 중립국으로서

---

2 Edgar Bonjour, *Swiss Neutrality: It's History and Meaning* (London, 1946); 그리고 그의 더 자세한 *Geshichte der schwitzerischen Neutraliitat: Drei Jahrhunderte eidgenossischer Aussenpolitik* (Basel, 1946); Paul Guggenheim, *Traité de Droit Inernational Public* (2 vols., Geneva 1953-1954), II, 547-561; Jacques M. Vergotti, *La neutralite de la Suisse* (Lausanne, 1954); Samuel Gonard, "Les Decision strategys du General," *Général Guisan, 1874-1960*, ed., André Guex (Lausanne, 1960), 35-45; Jon Kimche, *Spying for Peace: General Guisan and Swiss Neutrality* (3rd edn., London, 1962).

3 "Conception officielle suisse de la neutralité," *Schweizerisches Jaharbuch für Internationales Recht* XIV (1957): 195-199.

전쟁을 일으키지 않고, 중립을 지키며, 미래의 경우에 적대행위에 연루될 수 있는 정책 및 행동을 피하는 것을 설명하고 있다.

정치적 관점에서 영구중립국은 방어 동맹, 보장 조약, 집단안보 협정을 포함한 어떠한 조약도 체결해서는 안 된다. 물론 영구중립국은 다른 국가와 군사 협정을 맺어서도 안 된다. 그러나 다른 국가와의 관계에 대한 이러한 제한은 정치적 약속으로 제한되며, 인도주의적 또는 기타 비정치적 목적으로 체결된 조약에는 적용되지 않는다. 특히 영구중립의 의무는 도덕적 중립을 수반하지 않는다. 개인에게 적용되거나 언론의 자유에 대한 어떠한 제한도 요구하지 않는다.

스위스의 설명에 의하면 '2차 의무'의 특징을 두고 있으며, 상기 세 번째 의무에 특별히 관심이 있다. 영세중립국이 국제회의나 국제기구에 참여하는 것은 그 회의 목적이 주로 정치적, 경제적, 문화적 또는 기술 분야인지 여부에 달려 있다. 국제적 회원 자격을 갖춘 국제회의나 국제기구에 참가하는 것은 스위스의 관점에서 특별히 의심스러운 것으로 회원 자격에는 분쟁의 당사자가 될 수 있는 경쟁적 정치집단의 대표자들이 포함될 수 있기 때문이다. 동시에 영구중립 국가는 교전국이 이러한 행동을 비우호적이라고 생각할지 모른다는 두려움 없이 적대적 행위 중에도 거중 조정이나 중재를 제공할 권리를 가지고 있다.

경제적 관점에서 볼 때 영구중립 국가는 어떤 식으로든 정치적 행동의 독립성을 저해할 수 있는 어떠한 관세 연합 또는 경제 연합에도 가입해서는 안 된다. 만약 그러한 연합에 가입하게 되면, 중립국은 전시 중 자동으로 탈퇴해야 하는 조약의 조항조차도 정치적 개입으로부터 중립국을 보호하지 못할 정도로 경제적 파트너에게 의존하게 될 것이다.

1954년의 공식 스위스 해석은 영구중립 국가의 주권에 대한 제한으로서 중립의 의무는 협소하게 해석되어야 한다고 지적하면서 결론을 내리고 있다. 스위스가 통상중립이나 영구중립을 위해 요구하고 있는 것들 이상의 정책을 수행할 때, 그러한 정책들은 의무 이행으로서 간주하지 않고 중립 제도에 대한 교전국의 신뢰를 강화하기 위해 고안된 조치로서 취급되어야 한다. 이러한 공식적 해석은 가장 오래된 중립국의 기록된 경험을 반영하기 때문에 다소 자세하게 요약한 것이다. 그러나 이러한 해석이 국제적 관행의 일부로 받아들여진다거나 모든 스위스 정치 지도자가 이를 고수할 것이라고 말한 것은 아니다. 실제로 아래에서 언급한 바와 같이 스위스와 국제기구의 관계에 대한 문제는 스위스인 자신들에게 논쟁거리이다.

벨기에와 룩셈부르크

벨기에와 룩셈부르크의 중립화는 스위스 중립화의 보장국 역할을 한 동일한 국가들에 의해 보장되었다. 하지만 이 경우 중립화는 서로 다른 상황에서 수행되었고, 서로 다른 경로로 실행되었다. 벨기에와 룩셈부르크 민족은 프랑스 침략의 부활 가능성에 대한 장벽을 세우는 수단으로 1815년에 네덜란드에 편입되었다. 그러나 그들은 네덜란드의 통치에 불만을 가졌고, 1830년에는 반란을 일으켰다. 이제 강대국들은 반항적인 소수민족들의 독립을 허용하면서 장벽의 효율성을 유지하는 문제에 직면하게 되었고, 이러한 상황에서 그들은 국제적 보장하에 중립화 절차를 채택하게 되었다. 벨기에의 영구중립을 보장하는 조약은 1831년 5개국 회의에서 초안이 작성되었다. 그러나 네덜란드의 비타협적인 태도로 인해 벨기에의 독립과 중립화를 위한 최종 조치는 1839년까지 완결되지 않았다. 그 후 벨기에는 프랑스, 프로이센, 영국과의 관계에서 중요한 역할을 계속했다. 1866년 나폴레옹 3세는 독일 통일에 대한 보상으로 프랑스가 벨기에를 합병하는 문제로 비스마르크와 협상에 들어갔다. 이러한 미결된 협상들은 3년 후 비스마르크에 의해 공개되었으며, 1870년 8월 영국은 벨기에가 중립을 위반할 경우 영국이 벨기에의 중립을 지킬 것이라는 조건으로 프랑스와 프로이센과 별도로 벨기에의 중립 조약을 체결했다. 1904년 독일의 슐리펜 계획(제1차 세계대전 때 독일의 프랑스 침공 계획)이 알려진 후, 벨기에는 독일의 공격에 대비해 중립을 지킬 준비를 위해 영국과 프랑스와 협상을 시작했다. 1914년 독일의 침공이 시작되었을 때 프랑스와 영국은 벨기에를 방어했다.

벨기에는 항상 독립의 조건으로서 부여된 주권에 대한 부당한 제한으로 중립화를 생각하는 경향이 있었다. 제1차 세계 대전은 벨기에게 이러한 제한으로부터 자신을 자유롭게 하는 하나의 기회가 되었다. 베르사유 조약 31조에 따라 독일은 1939년 조약의 폐기에 동의했으며, 벨기에의 중립화는 종결되었다.[4]

4 Alexander Ruehr, *The Neutrality of Belgium* (New York, 1915); Karl Strupp, *Die*

1900년 인구 28만 5,000명의 작은 나라 룩셈부르크 대공국은 벨기에보다 점진적 단계를 통해 독립했다. 벨기에의 중립화는 유럽 국가들이 오스트리아에 대한 프로이센의 승리에 적응하고 있던 1867년에 보장되었다. 룩셈부르크의 중립화 조약은 세 가지 측면에서 1839년 벨기에의 조약과는 달랐다. 첫째, 처음부터 보장 국가들 사이에 그들의 의무와 관련하여 의견 차이가 있었다. 영국 정부는 보장 국가가 룩셈부르크의 중립을 지키는 데 개별적으로 책임이 없다고 주장하면서 이 보장을 집단적인 것으로 간주했다. 다른 4개의 보장국은 이 견해를 받아들이지 않았고 의견 충돌도 결코 해결되지 않았다. 둘째, 벨기에와 달리 룩셈부르크는 중립화되었을 뿐만 아니라 비무장화였다. 셋째, 룩셈부르크 대공국은 네덜란드와 특별한 관계를 유지했다. 네덜란드의 윌리엄 3세 왕은 1890년까지 룩셈부르크 대공으로 계속 자리를 유지했으나 그때 그는 후계자를 정하지 못하고 사망했다. 그는 나사우바일부르크(Nassau-Weilburg) 공작에 의해 대공으로 계승되었으며, 그는 별도의 승계 계통을 확립했다.

제1차 세계 대전 중 독일은 룩셈부르크 점령을 벨기에의 점령과는 달리 주로 군인들과 보급품의 철도 수송에 관여했으며, 민간 정부 업무에 대해서는 크게 간섭하지 않았다. 비호전적인 룩셈부르크는 평화 회의에 초청되지 않았으며, 1867년 조약의 폐기를 독일이 인정

Neutralisation und die Neutralität Belgiens (Gotha, 1917); André Roussel Le Roy, *L'Abrogation de la neutralité de la Belgique, ses cause et ses effets* (Paris, 1923); William E. Lingelbach, "Belgian Neutrality: Its Origin and Interpretation," *American Historical Review* xxxix (October 1933): 48-72.

하도록 40조에 규정한 베르사유 조약에도 서명하지 않았다. 대공국은 조약의 폐기를 인정하지 않았다. 실제로 미국은 제2차 세계 대전까지 중립 정책이 유효하다고 생각했다. 그러나 독일의 2차 침공에 패한 대공국 정부는 영국으로 망명했고, 1940년 5월에 공식적으로 중립화 정책을 포기했다. 1948년 대공국의 헌법은 1868년 채택 이후 통합된 영구중립에 대한 언급을 삭제할 목적으로 수정되었다.[5]

오스트리아

오스트리아의 영구중립 사례는 특별한 시각에서 보면 독특하며 중립화가 취할 수 있는 다양한 형태를 보여 준다. 오스트리아의 영구중립국에 대한 생각은 1945년부터 오스트리아를 점령하고 있는 프랑스, 영국, 미국, 소련 4개국의 점령을 종식시키기 위한 국가조약의 결론인 협정으로 시작되었으며, 오스트리아에 자주독립 국가의 지위를 부여하려는 국가조약 체결에 대한 합의를 근거해 시작되었다. 2차대전 후 소련의 정책은 독일과 평화조약을 체결할 때까지 오스트리아의 4개국 점령이 계속되어야 한다고 주장했지만, 1954년 소련 정부는 중부유럽의 세력 균형을 변경하지 않으면서 오스트리아를 독립시킬 수 있는 근거로 오스트리아의 중립화 가능성을 제기했다. 다른 세 개 점령 국가는 벨기에와 룩셈부르크를 모델로 한 4개국의

5 Marcel Junod, *Die Neutralität des Grossherzogtums Luxemburg von 1867 bis 1948* (Luxembourg, 1951).

보장하에 오스트리아의 공식적인 중립화를 선호하지 않았기 때문에 이듬해 봄에 소련과 오스트리아는 양자 간 문제를 협상하기로 약속했다.

이러한 협상 결과는 1955년 4월 15일 체결된 모스크바 각서였다. 이 공식 협정의 조건에 따라 오스트리아 정부는 오스트리아 의회로부터 영구중립에 대한 약속을 받기 위해 스위스가 유지하고 있는 유형의 영구중립을 이행할 의무를 수락했다. 이러한 영구중립국 지위에 대한 국제적 승인을 받기 위한 적절한 조치는 오스트리아 영토에 대한 4개 보장 국가의 완전한 불가침 보장을 받고 수락했다. 소련은 오스트리아의 중립 선언을 승인하였고, 오스트리아 영토에 대한 4개국 보장에 참여하기로 합의했다.

이러한 조건에 대한 오스트리아의 승인을 받은 소련은 오스트리아 국가조약의 체결에 동의했으며, 1955년 5월 15일에 서명했다. 같은 해 10월 26일 오스트리아 의회는 "자신의 자유 의지에 따라 영구중립을 수락한다는 연방 헌법 법령을 제정하였고 앞으로 자국의 영토에 외국의 군사기지 설립을 허용하는 어떠한 군사 동맹에도 가입하지 않을 것이다"라고 선언했다. 오스트리아의 중립화는 4대 강대국을 포함해 외교 관계를 유지하고 있는 다른 국가들에 의해 승인되었다.[6]

---

6 Josef L. Kunz, "Austria's Permanent Neutrality," *American Journal of International* 1 (1956): 418-425; V. N. Beletskii, *Sovetskii soiuz i Austria* (Moscow, 1962); Gerald Stourzh, "Zur Entstehungsgeschichte des Staatsvertrages und der Neutralität Österreichs 1945-1955," *Osterreichische Aeitschrift fur Aussenpolitik*, V (1965): 301-336; William B. Bader, *Austria Between East and West, 1945~1955* (Stanford, 1966), 184-209; Alfred Verdross, *Die immerwahrende Neutralitat der Republik Osterreich* (2nd edn., Vienna, 1966).

오스트리아는 사실상 국제적 약속의 결과로 자체 중립화가 되었기 때문에 오스트리아의 중립화 형태에는 전례 없는 특성을 보여주는 여러 가지 모호성이 있다. 오스트리아는 국가조약에 서명한 후 보장 조약 없이 이러한 조치를 했다는 의미에서 '스스로 자유의지'에 따라 영구중립의 의무를 지게 되었다. 그러나 오스트리아는 점령 지속과 영구중립 중 하나만을 선택할 수 있는 자유가 있었다. 즉, 의무가 없는 독립적인 외교 정책의 선택권이 없었다. 국제적 공약은 소련이라는 한 국가에만 이루어졌지만, 이것은 평화 정착의 중요한 필수 조건을 형성하기 위해 다른 세 점령국이 이해한 공식적이고 공개적인 약속이었다. 더욱이 오스트리아의 연방 헌법 법령은 국가조약의 4개 서명국 모두와 다른 많은 국가에서도 공식적으로 인정되었다. 그러나 이러한 선례가 없는 형태의 국제적 승인에는 오스트리아 영토에 대한 4개국의 보장이 수반되지 않았다.

오스트리아는 스위스 모델에 기반한 정책을 추구하고 있으며, 영구중립의 예로 여기에서 논의된 다른 4개 국가와 비교할 만한 입장을 견지하게 되었다. 오스트리아가 이 지위를 획득한 방식은 영구중립으로 이어질 수 있는 다양한 경로를 보여 준다. 그러나 그것은 다른 국가들이 따를 것 같은 길은 아니다.

라오스

스위스, 벨기에, 룩셈부르크에 중립화를 부여한 조약은 공통의 정치 문화에서 영감을 받아 동일한 5대 강대국에 의해 보장되었다.

오스트리아 경우 관련된 4개 점령군은 정책의 상당한 차이에도 불구하고 오스트리아가 독립 후에도 비동맹 국가로 지속되어야 한다는 데 동의했다. 반면에 라오스는 기본 원칙과 정책에 대해 서로 근본적으로 의견이 일치하지 않는 국가 그룹에 의해 보장되었다. 라오스의 보장국들은 모두 라오스의 내정에 어느 정도 관여하고 있었고, 라오스의 중립화는 복잡한 국제 분쟁에 대한 타협안으로서 제안된 것이다.

라오스의 중립에 관한 선언은 1962년 7월 23일 미얀마, 캄보디아, 캐나다, 중화인민공화국, 베트남민주공화국, 프랑스, 인도, 폴란드, 베트남공화국, 태국, 소비에트 사회주의 공화국, 영국, 미국 등이 서명했다. 그 선언은 또한 1954년 제네바 협정에 따라 설립된 3인의 라오스 중립화 감독 및 통제위원회에 라오스의 중립화를 시행하는 임무가 부여되었다. 그 통제위원회는 라오스 문제 해결을 위한 국제회의(1961~1962)의 공동 의장과 영국 외무부 장관 및 소련 외무부 장관의 후임자들에게도 보고되었다. 프랑스와 미국은 보다 효과적인 권한을 가진 위원회 구성을 주장했지만, 대다수 국가는 그들의 견해를 받아들이지 않았다. 그 위원회는 보장 국가들을 위한 하나의 도구였으며, 중립국의 영토 내에서 그들의 집단적 권한의 확장자로서 역할을 하였다. 그 위원회는 여러 보장 국가의 반복적 개입을 통제하는 데 효과적이지는 못했지만, 보장 국가들이 중립화 조약을 유지하고 보장하는 데 상당한 규모의 내구성 있는 도구로서 자리잡을 수 있었다는 원칙을 확립하는 데 중요한 선례를 남기게 되었다.[7]

중립화의 예외적이고 유사한 경우들

중립화에 관한 다른 국가들의 몇 가지 사례들이 있다. 그러한 사례들은 역사적 기록에서 실질적으로 선례를 구성하지는 못했으나 특수하거나 제한된 성격의 사례들이다. 그럼에도 불구하고 그 사례들은 간단히 언급할 가치를 가지고 있다.

도시 국가인 크라쿠프는 1815년 9월 6일 오스트리아, 프로이센, 러시아가 서명한 조약으로 중립화가 되었다. 그 도시는 1846년 보장 국가들의 합의에 따라 중립화가 폐지됨에 따라 크라쿠프는 오스트리아에 병합될 때까지 지속되었다.

콩고 독립국은 1885년 2월 28일 베를린 의회의 일반 법에 따라 중립화 국가가 되었다. 그러나 콩고의 중립화는 서명국에 의해 보장되지 않았으며 벨기에가 1907년 콩고를 병합함으로써 종료되었다.

온두라스는 1907년 12월 20일 중앙아메리카 공화국이 서명한 조약에 따라 중립화가 되었으나 이 조약은 1923년 폐기되었다.

오스트리아-헝가리, 프랑스, 독일, 이탈리아, 러시아는 1913년 7월 29일 알바니아의 중립화를 위한 조항을 만들었으나 알바니아의

7 George Modelski, *International Conference on the Settlement of the Laotian Question, 1961~1962* (Canberra, 1962); John J. Czyzak and Carl F. Dslans, "International Conference on the Settlement of the Laotian Question and the Geneva Agreements of 1962," *American Journal of International Law* LVII (April 1963): 300-317; O. N. Khlestov, "Zhenevskie soglasheniia po Laosu-vazhnyi shag v formirovanii sovremennogo poniatie neitraliteta," *Sovetskoe gosudarstvo i pravo* no. 5 (1963): 91-100; Arthur J. Dommen, *Conflict in Laos: The Politics of Neutralization* (New York, 1964).

중립화에 관한 공적 기록은 더 이상 언급되지 않았으며, 전쟁 결과로 삭제되었다.

바티칸 도시 국가는 1929년 2월 11일 마침내 보장 국가인 이탈리아와 체결한 조약에 따라 중립화 도시 국가가 되었다. 이 조약은 아직도 유효하다.

자체 중립화 국가의 공식적인 사례가 몇 가지 있다. 예를 들면 아이슬란드는 1918년 덴마크로부터 독립했을 때 스스로 영구중립국이라고 선언했다. 마찬가지로 캄보디아도 1957년 정부가 다른 국가와의 모든 군사적 또는 이데올로기적 동맹을 피하고 중립법을 채택했다. 국내법에 근거한 일방적인 중립화 주장은 국제법상 구속력이 없으며, 그러한 정치적 결과는 상황에 따라 변하게 된다.

또한 최근 몇 년 동안 국가들이 중립, 적극적 중립, 비동맹에 대해 형식에 가까운 선언을 하는 것이 일반적이다. 이는 일반적으로 다른 국가와 군사적 또는 정치적 동맹을 맺지 않겠다는 의향의 형태로 이뤄진다. 예를 들어 그와 같은 선언은 미얀마, 인도, 이라크, 수단, 아랍 공화국, 유고슬라비아 등에서 있었다. 그러한 선언은 국제법상 구속력이 없으며 국가 정책의 단순한 성명으로 이루어진다.

국가 일부가 아닌 수로나 외부 우주를 포함하여 전략적 영역뿐만 아니라 국가적 영역인 중립화, 비무장화 또는 국제적 관리 문제에 있어서 용어나 형태로 국가의 중립화와 겹치면서 혼동을 일으키는 경우도 많다. 엄밀히 말하면 중립화는 일반적으로 외교 정책의 정치적 측면과 관련이 있으나 비무장화는 군사 무기나 군대의 이용을 포함하는 정치적 권력 측면에만 연관이 있다.

그러한 혼란은 일정한 영토에 대한 국가의 독립적인 정책이 없고, 비무장화가 실제로 서명국들의 가장 중요한 관심사임에도 불구하고 국가 일부에 대한 다양한 형태의 비무장화와 국제적 통제를 중립화라고 하는 사실에서 야기된다. 이러한 혼란은 다양한 형태의 비무장화와 국가 일부에 대한 국제적 통제를 종종 중립화라고 부르는데, 그러한 영토에는 독립적인 정책이 없고 비무장화가 실제로 서명국들의 가장 중요한 관심사임에도 불구하고 발생한다. 국가와 관련되어 중립화의 용어가 사용될 때 그것은 해당 국가가 다른 국가와 정치적 또는 군사적 동맹을 맺지 않아야 한다는 것을 의미한다. 그리고 중립화가 국가의 일부나 다른 지역들(남극이나 달 등)에 사용될 때 중립화의 의미는 한 국가의 주권이 우선하지 않으며 정치적 문제는 서명 국가의 공동 관할하에 있음을 의미한다. 국제적으로 관리되는 영토들은 일반적으로 이러한 제한된 의미에서 비무장화된 중립화다.

중립화의 경우를 보면 몰타(Malta, 1802), 샤블리(Chablais)와 포시니(Faucigny, 1815~1919), 모레스네(Moresnet, 1816~1914), 올란드제도(Aaland, 1856~), 이오니아제도(Ionia, 1863~1891), 사모아제도(Samoa, 1886~1899), 라인강 유역(1919~1935), 자르 유역(Saar, 1919~ 1935), 단치히 자유시(Danzig, 1919~1939), 탕헤르(Tangier, 1923~1940, 1945~1956), 트리에스테(Trieste, 1945~1954) 등 군사 지역을 포함한 일반적인 정치 지역들이다. 유사한 경우로 1959년 남극 지역의 중립화에 관련해서 특별히 12개 국가의 보장하에 남극을 군사적 목적으로 사용하는 것에 대한 우려로 정치적 관할권과 경제적 및 과학적 이해관계에 대한 고려가 결합되었다. 흑해, 라인강, 다뉴브강, 마젤란 해협,

덴마크와 튀르키예 해협, 수에즈운하와 파나마운하와 같은 국제 수로의 사용에 관한 다양한 제안과 합의는 일반적으로 고려된 사항이다. 이러한 사례에 대한 연구는 국가들의 중립화와 관련된 것으로 지금까지 중립화의 생존성과 유효성에 대한 구성 요소들을 설명하고 있다.

좁은 의미의 비무장화는 핵무기의 사용을 제한하는 수단으로 여러 차례 논의되었다. 널리 논의된 이러한 유형의 제안은 라파츠키안(Rapacki)이었다. 폴란드 외무장관 라파츠키는 1957년 10월 폴란드, 체코슬로바키아, 독일 민주 공화국, 독일 연방 공화국 등은 자국의 영토에서 핵무기의 생산과 비축을 금지하였고, 프랑스, 영국, 소련, 미국은 원자 없는 지역에 핵무기를 반입하지 않을 의무가 있다고 말했다. 라파츠키안은 1958년 11월에 수정되었는데 이들 국가의 영토에서 외국 군대를 철수시키는 것을 포함하고 있다. 이러한 제안들은 중부 유럽에 배치할 수 있는 소련 재래식 군대의 규모가 핵무기가 없는 상황에서 소련이 재래식 군사력에서 결정적인 우위를 갖게 할 것이며, 그 계획이 결과적으로 기존 상황과 비교하여 이 지역에서 소련의 영향력이 결정적으로 증가하게 되었다. 이 계획의 어떤 버전도 체코슬로바키아, 폴란드, 및 두 독일이 다른 국가와 동맹을 맺을 권리를 제한한다는 의미에서 중립화를 제안하지는 않았다. 그 제안은 독일 연방 공화국은 계속해서 나토 회원국으로 남게 될 것이며, 나머지 3개국은 바르샤바 조약의 회원국이 될 것으로 가정했다.

핵무기의 확산을 제한하는 수단으로서 세계 여러 지역에서 '원자 없는' 구역들을 만들자는 많은 다른 제안이 제시되었다. 그러한 제안들은 국제적 보장에 의한 국가들의 중립화에 직접 관계가 거의 없었다. 유사한 것으로 대기권, 우주 공간 및 수중 핵무기 실험 금지 조약(1963), 달과 기타 천체를 포함한 우주 공간의 탐사 및 이용에서 국가의 활동을 규제하는 원칙에 관한 조약(1966)들이 근본적으로 비무장화와 관련이 있다.

중립화의 효과

보장 국가들은 일반적으로 국가의 중립화를 위한 조약의 개시, 유지 및 종료에 있어서 주요한 역할을 담당해 왔다. 중립화는 국제 분쟁과 관련된 상황을 완화하기 위한 장치다. 중립화 조약의 초안 작성에서 보장 국가가 주도권을 잡은 것은 타협의 수단을 통해 잠재적인 갈등의 원인을 제기하려는 관심을 반영한 것이다.

보장국들은 일반적으로 보장에 따른 의무로 피보장국의 중립화 유지에 대한 책임이 있다. 보장의 형식은 일반적으로 공동으로 하거나 일부로 한다. 즉, 각 보장국이 공동의 정책으로 동의할 수 없는 경우 중립화된 국가를 방어하기 위해 독립적으로 개입할 수 있다. 그러나 이러한 관행에는 예외가 있다. 룩셈부르크의 중립을 보장하는 1867년 조약에 대해 영국 정부는 보장이 집단으로 이뤄져야 하며, 만장일치가 이루어지지 않으면 개별 보증인이 개별적으로 행동할 의무는 없다고 주장했다. 그러나 다른 보장국들은 영국의 해석을 받아들이지 않았다. 콩고의 경우 보장은 집단적이라기보다는 개별적이었고, 그 주된 목적은 상거래에 대한 동등한 기회를 보장하는 것이었다.

실제로 중립화의 성공을 보장한 것은 형식적인 장치가 아니라 주요 보장국 간의 세력 균형이었다. 따라서 독일과 프랑스는 1870~1871년 전쟁 중 스위스와 벨기에의 중립을 존중했다. 그 이유는 다른 국가편에서 야기될 수 있는 적의 측면에서 발생한 비용이 스위스와 벨기에의 중립을 위반함으로써 얻을 수 있는 이익이 그들의 중립이 더 크다고 여겨졌기 때문이었다. 제1차 세계 대전에서도 독일 참모부는 스위스를 통해 프랑스를 공격할 가능성을 염두에 두었지만 이득보다 비용이 더 클 것으로 추정했다. 독일은 1914년 벨기에와 룩셈부르크에 대해 다른 계산을 했고, 중립화 조약 위반으로 야기된 적대감은 결국 독일의 패배를 가져온 국가 연합을 결집시키는 중요한 요인이었다.

국제적 보장에 의한 국가의 중립화는 보장이 준수될 것이라는 자동적 보장을 제공하지는 않지만, 국제적 보장이 없는 경우보다 침략 비용을 더 많이 증가시킨다. 이러한 비용의 성격은 보장국의 관계와 그들의 진정한 힘이 수년에 걸쳐 진화함에 따라 확실하게 변동될 것이다. 그러나 중립화 조약이 합의되었다는 그 사실은 일반적으로 상당한 안정성을 약속하는 보장 국가들의 국가이익에 기초한 약속을 반영하는 것이다.

보장 국가들은 일반적으로 중립화 조약을 종료할 수 있을 정도로 조건이 변경되었다고 판단할 때 중립화 조약을 종료하는 주도권을 가지게 되었다. 예를 들어 1918년 독일의 패배는 승전국들에 의해 벨기에와 룩셈부르크의 중립화가 더 이상 필요하지 않다고 생각했고,

이 두 조약을 폐기하는 조항이 베르사유 조약에 포함되었다. 마찬가지로 크라쿠프 공화국의 중립화는 1846년 보장 국가들의 결정으로 종료되었다. 국가, 영토 및 수로의 일부를 중립화하는 유사한 사례에서 중립화 대상에는 주권이 없기에 항상 하나 이상의 보장 국가들이 주도권을 잡는다.

예외적으로 모든 보장 국가가 한 국가의 중립화 유지에 동등한 이해관계를 가지고 있으며, 일반적으로 보장된 국가에 접근할 수 있는 유효한 권한을 가진 소수의 주요 보장 국가들은 주요한 이해관계를 가지며 중립화를 유지하는 데 중요한 부담을 갖는다. 그러므로 러시아가 나폴레옹과 전쟁을 하는 동안 서유럽에서 가장 큰 군사적 역할을 했으며, 스위스, 벨기에, 룩셈부르크의 중립화를 보장했지만 실제로는 프랑스, 독일, 영국과 같은 국가들이 가진 만큼의 직접적인 국가이익을 갖지는 못했다. 영국이 그렇게 했으며, 그에 따라 중립화를 유지하는 영국의 역할은 미미했다. 마찬가지로 라오스의 중립화를 보장한 13개 국가 중 3~4개 국가만이 실질적인 방어(또는 위협) 수단을 가지고 있었다. 다른 극단적 예를 보면 바티칸 도시 국가는 영토에 대한 중립화의 단일 보장 국가로 영토를 형성하고 있다.

모든 국가의 주권은 그들이 조약의 목적과 기간을 위한 그들의 행동이 자유를 포기할 경우 조약에 서명할 때 영향을 받는다. 중립화된 국가는 최소한 다른 국가와 동맹을 맺을 권리를 포기하고, 따라서 자체 조치로서 국제적 존재를 보호할 권리를 포기한다는 점에서 대다수 조약이 요구하는 것보다 더 많은 행동의 자유를 포기하게 된다. 룩셈부르크의 예에도 불구하고 중립화 국가들은 물론 일반적으로 군대를 유지할 권리를 보유한다. 그러나 그들은 다른 중립국들의 보장국 역할을 할 수 없다. 그러므로 벨기에는 룩셈부르크를 중립화하는 조약의 조인국이 되었지만 보장국으로서의 역할을 할 수 없었다. 더 나아가 중립국이 글로벌 문제와 지역적 국제기구에 참여할 수 있는지와 어느 정도까지 참여할 수 있는지는 논쟁의 여지가 있다. 그러나 이러한 주권 제한 외에도 중립화 국가들은 다른 국가들의 모든 권리와 책임을 갖는다. 동시에 중립국은 그 지위의 특성 때문에 중립화의 시작, 유지 및 종료를 독립적으로 수행하지 못했다.

이러한 규정에 대한 주목할 만한 예외는 스위스다. 1815년 스위스에 대한 중립화 원칙을 수립하는 공식적인 주도권은 프랑스와 오스트리아 사이의 세력 균형에 특별한 관심을 가진 5개 보장국에 의해 취해졌다. 그러나 1815년에 채택된 특정한 형태의 중립화와 다른 중립 원칙은 이미 스위스 정책에 확고한 뿌리를 두고 있는 것이 원칙이었다. 이 정도까지 중립화는 보장 국가들에 의한 새로운 정책의 창출이라기보다는 기존 스위스 정책의 공식화에 더 가깝다.

1815년 이후 스위스 중립화와 관련된 정책의 발전은 다른 중립화의 국가 사례와 비교하여 보장된 국가의 상대적 중요성을 드러낸다. 1848년부터 1857년까지 계속된 뇌샤텔(Neuchatel) 주도에 관한 협상에서 결국 프로이센이 스위스 주에 대한 전통적인 주권을 포기하게 된 것은 프랑스의 강력한 지원을 받은 스위스 정부의 결정이었다. 1859년, 1870~1871년, 1939~1945년의 전쟁이 각각 시작되었을 때 스위스는 이웃 국가들을 점령한 전쟁에 초연하게 남아있겠다는 결의를 알리는 별도의 중립 선언을 통해 조약의 보장을 보완했다.

특히 두 차례의 세계 대전 동안 스위스가 영구중립국 지위를 성공적으로 유지할 수 있었던 중요한 요인은 자체적인 군사 준비 태세였다. 스위스 군대의 준비는 상대적으로 규모가 작았지만 충분히 잘 조직되어 있었기 때문에 어떤 교전 중인 전선의 다른 구역에서 상당한 규모의 군대를 철수하지 않고는 스위스를 침공할 수 없었다. 시간이 경과함에 따라 국제 금융과 상업의 중심지이자 다양한 국제기구의 본부로서 스위스의 역할은 중립화를 강화하는 데 기여했다. 잠재적 침략자는 스위스의 중립성을 위반하는 막대한 군사 비용뿐만 아니라 스위스의 금융 및 상업 서비스의 손실과 이러한 서비스를 위해 스위스에 의존하는 다른 많은 국가의 적개심을 고려해야 했다.

영구중립을 유지하는 스위스의 적극적인 역할과는 대조적으로, 보장 국가들은 1815년 중립화에 대한 원래의 지지를 자극했던 관심을 유지하지는 못했다. 러시아는 스위스에 관해 특별한 관심을 가지지 못했고, 1917년 혁명 후 러시아는 1946년이 되어서야 스위스와 외교 관계를 재수립했다. 오스트리아의 역할은 1859년 패배 이후 급속히 쇠퇴했으며, 실제로 1955년 자신이 중립화를 선포했다. 프랑스, 독일, 영국은 스위스의 중립화에 적극적인 관심을 유지했지만 독일은 1870~1871년에 프랑스와 전쟁 중이었으며, 1914~1918년에는 스위스의 공동 보장 국가들이었다. 그러므로 스위스 중립화의 성공이 보장국들의 주도로 이루어졌다고 주장할 수 없으나, 그럼에도 불구하고 성공적이라고 말하는 것이 더 정확할 것이다. 실제로 엄밀한 법률적 관점에서 보면 스위스 영구중립의 지위는 1815년 조약에 근거하고 있지만, 실질적으로는 국제적 보장에 의한 영구중립이라기보다는 자기 중립화의 예다. 어쨌든 스위스의 예는 국가 중립화의 역사에서 독특하며 미래를 위한 모델이라기보다는 반복될 가능성이 거의 없는 예외적인 사례로 간주되어야 할 것이다.

영구중립의 효과와 관련하여 역사적 선례가 제공한 증거를 평가할 때 본질적인 고려 사항은 중립화가 논란이 되는 문제의 타협적 해결을 위한 틀을 제공한 정도이다.

중립화는 이해관계의 충돌이 존재하는 상황과 관련이 있다. 그러한 이해관계가 상충의 상황들을 감안할 때 국제적 보장에 의한 중립화 조약의 효과는 보장 국가가 불안정한 상황을 허용하는 것보다 보장받은 국가의 업무에 개입하는 선택권을 희생할 것이라는 사실이 법적 구속력 있는 조건으로 확립하는 것이다. 하나 이상의 관심 국가가 일방적이거나 경쟁적인 개입을 통해 평화를 위협할 수 있는 상황은 계속된다. 그러므로 중립화의 효과는 중립화 조약이 논란이 되는 상황에 대한 해결책을 제공하는 데 어느 정도 기여했는지에 따라 판단되어야 할 것이다.

지난 세기에 중립국이 된 국가 중 스위스는 153년(1815~1968), 벨기에는 80년(1839~1919), 룩셈부르크는 52년(1867~1919) 동안 중립화 국가의 지위를 유지했다. 20세기에 체결된 중립화 조약 중 바티칸 시국은 39년(1929~1968), 라오스는 6년(1962~1968) 동안 지속되었다. 크라쿠프와 콩고, 온두라스의 중립화 기간은 각각 31, 23, 16년 동안 유지되었고 보장 국가 간의 합의에 따라 종료되었다는 점도 염두에 두어야 할 것이다. 더욱이 국가, 영토 및 수로의 일부를 중립화하는 유사한 현상은 국제적 경쟁의 존재에도 불구하고 상당

기간 지속되었다.

스위스 사례를 고려 대상에서 제외한 후에도 예외적인 특성 때문에 나머지 국가들의 중립화 사례는 상당한 실행 가능성을 보여 준다. 벨기에와 룩셈부르크의 중립화 국가는 1870~1871년 프랑스와 독일 간의 중요한 전쟁뿐만 아니라 주요 보장국 측면에서 격렬한 국가적 경쟁에서 반세기 동안 살아남았다. 그들은 유럽 국가들 사이에서 상호관계의 완전한 방향 전환을 의미하는 중요한 세계 대전 중에만 굴복했다.

국제적 보장으로 국가들을 중립화하는 조약이 보장국이 총력전을 통해 국익을 달성할 준비가 되어있는 기간 동안 살아남을 것이라고 기대하는 것은 터무니없는 일이다. 그러한 조약의 기능은 논란의 여지가 있는 상황에서 분열 효과를 완화하고, 지역 전쟁의 발생을 줄이고, 주요 전쟁을 일으킬 수 있는 충돌에 대한 타협적인 해결책을 제공하게 된다. 빠르게 변화하는 세계에서 이러한 목적을 달성하기 위해 중립화 조약의 효과를 위해 영구적일 필요는 없다. 20년에서 50년의 기간 동안 어려운 문제를 해결하는 중립화는 평화유지에 아주 중요하게 기여할 수 있다.

3장 중립화 국가와 국제관계

국제 체제에서 영구중립국이 수행할 수 있는 대안적 역할을 고려할 때 신중하게 검토할 가치가 있는 몇 가지 주안점이 있다. 영구중립에 대한 역사적 경험은 제한적이고, 실제로 제2차 세계 대전 이후 발달한 국제 체제 안에서 유일한 사례는 스위스와 오스트리아, 라오스뿐이며 바티칸 시국(Vatican City State)의 경우는 국제관계 영역에서 특수성 때문에 이 주제와의 연관성은 상대적으로 희박하다고 할 수 있다.

국제 체제와 스위스 및 오스트리아와의 연관성에 관한 논쟁은 최근 들어 활발하게 진행되었고, 그들의 경험은 이 주제를 검증하는 데 있어 실용적 관점에서 출발점에 해당하기에 상당한 의미가 있다. 이러한 특수 사례는 국제법과 국제관계의 정치 지도자와 전문가의 원리와 정책 면에서 신중함의 긴 전통을 가졌기에 몇 가지 의문을 제기한다. 따라서 오늘날 이 주제에 관해서 논의한 정보를 알려주는 중립화(neutralization)와 영구중립(permanent neutrality)의 주요 개념을 정리하는 것이 중요하다.

중립화에 대한 일반적 사고방식

어떤 국가의 중립화를 위한 동시대의 국제관계에 있어서 적절한 역할에 대한 주요 국가들의 정치 지도자의 사고방식은 국제적 보장과 중립화에 관련된 형태에 의해 세 가지 합리적으로 명확한 접근법을 반영한다. 즉, 서유럽 국가 방식, 소련의 방식 그리고 미국의 방식이다.

서유럽

영구중립에 대한 서유럽 국가들의 경험은 19세기 초로 거슬러 올라간다. 나폴레옹 전쟁과 제1차 세계 대전 사이 대부분의 전쟁 시기에 프랑스, 독일, 영국은 스위스, 벨기에, 룩셈부르크 같은 전략적 요충 지역에서 이익을 방어하기 위해 중립화 조약에 의존하였다. 이러한 합의 방식은 유럽 전체의 체제가 재편되는 시기 위협 지역에서의 안보를 확보하였고, 특히 스위스는 중립화를 통하여 유럽 안보의 모든 다른 방어벽이 붕괴되는 과정과 20세기의 두 차례 세계 대전 시기에도 국가의 생존이 가능하였다.

그런 경험의 관점에서 서유럽 국가들은 분쟁 중인 국가나 지역에 대한 관리 방법으로서 중립화를 긍정적인 관점으로 채택하였다. 실제로 그런 국가들은 국가의 일부 지역, 수로, 전략적 요충 지역에서 중립화를 제공하는 대부분의 국제 협약의 개시를 담당하였다. 서유럽 국가들이 중립화를 선택한 것은 주로 스스로 세력 균형 유지가 목적이었으며, 현상 유지(status quo)를 보존하기 위한 도구로 간주되었다. 유럽 협조 체제(Concert of Europe)와 세력 균형의 개념은 이런 관점에서 우위를 차지하였고, 중립화는 그런 균형을 변경할 가능성이 있는 논란을 피하는 방식으로 여겨져 왔다. 서유럽 국가들은 스위스의 영구중립이 유럽 안보에 긍정적 기여를 한 것으로 보았고 또 오스트리아의 중립성이 난제를 해결하는 타당한 방법이라고 인정하였다. 또한 서유럽 국가들의 정치가들은 세계의 다른 지역에서 발생하는 비슷한 문제를 해결하는 방편으로서도 중립화 쪽으로 쉽게 전향하는 경향이 있다.[1]

소비에트연방(소련)

중립화에 대한 소련의 관점은 당초에 서유럽과는 차이점이 있는데, 소련의 경우 세력 균형의 보존보다는 오히려 세력 균형을 변화시키는 방법으로 보는 시각을 가지고 있다. 소련에서는 국제법이 '평화 공존의 원칙'으로 해석된다. 이 원칙은 다양한 개념을 포괄한다. 그중에서 중요한 개념들은 국제 문제 해결에 있어 다른 선도국들이 소련을 동등한 동반자로 수용하는 것, 전쟁에 의존하지 않는 주요 국가들 사이의 갈등 해결 그리고 마르크스-레닌주의식 감각으로 모든 사회가 자본주의를 관통하여 봉건주의가 사회주의와 공산주의

1 Malbone W. Graham, Jr., "Neutralization as a Movement in International Law," *American Journal of International Law* XXI (January 1927): 79-94. 스위스와 오스트리아의 영구중립에 관한 문헌.

로 전환하는 것이다. 평화공존의 원칙에 관련된 중립, 중립주의 그리고 중립화가 이제까지 자본주의 지도력 아래 국가들의 연합을 약화시키도록 작용함에 따라 사회를 사회주의 영향력으로 전환하기 위한 좀 더 유익한 조건을 창조하였다.[2]

소련 국제법은 침략을 방어하는 전쟁과 국가의 해방을 위한 전쟁이 정당한 것으로 간주됨에 따르는 정당한 전쟁론과 전쟁 부당론의 설명에 동의한다. 이러한 이론은 마르크스-레닌주의 이론을 의미하기 때문에 '부당한' 전쟁은 자본주의 국가와 관련된 전쟁이고, '정당한' 전쟁은 소련 정책에 의해 개시되거나 유지되는 것이다. 이러한 마르크스-레닌주의 관점의 틀에서 중립과 중립주의를 포괄하여 중립화는 주로 북대서양조약기구(NATO)가 전형적인 사례라 할 수 있는 제국주의 국가의 침략 군사 동맹(military bloc)의 영향권으로부터 국가를 이탈시키거나 연루되는 것을 방어하는 방법으로 보여진다. 군사 동맹에 대한 비참여 정책은 평화를 지지하고 전쟁을 방지하는 방법으로 간주된다. 중립국들이 전쟁과 평화 주제에 관심을 가지는 한 그들은 중립적이지 않으며 제국주의 침략자의 계획을 저지하는 방법을 탐색하는 것으로 평화에 대해 열렬히 투쟁한다.[3]

모든 중립화는 공통의 지향점을 향하고 있기에 소련은 국제적 보장과 또 다른 형태의 중립화에 의한 국가들의 중립화 사이의 차이점에 대해 날카롭게 구별하지 않는 경향이 있다. 스웨덴에서처럼 전통

---

2 F. I. Kozhevnikov, ed., *Mezhdunarodnoe pravo* (Moscow, 1964), 81-93.

3 Kozhevnikov, 앞의 책, 604, 630-631.

적으로 중립 정책은 라파츠키안(Rapacki Plan) 같은 비무장에 대한 제안과 비핵지대에 대한 다른 제안들은 국가의 중립화처럼 동일한 일반적 범주의 한 부분으로 간주되었다.

소련 정책은 스위스의 사례를 선호하는데, 1955년 모스크바 각서에서는 오스트리아 방식의 중립에 대한 모델을 명확하게 인용하였다. 1962년 라오스의 중립화도 다른 국가들이 모방할 수 있는 모델로 인정을 받는다. 네덜란드가 나토로부터 철수하고 중립을 선언한 1962년 독일 공산당의 제안은 또한 정확한 공산주의자 전략으로 인용되었다. 소련 당국은 발칸반도 국가들과 스칸디나비아 국가들, 일본, 필리핀, 기타 동아시아와 라틴아메리카와 아프리카 국가들을 포괄하는 중립화 일반 정책을 구상하였다.[4]

동시에 소련(Soviet)의 정책은 소련(USSR)과 연관된 여러 국가의 중립화와는 상반된다. 라파츠키안 아래 독일 연방 공화국(FRG, 서독)의 비무장 대가로 폴란드, 체코슬로바키아 그리고 독일 민주 공화국(GDR, 동독)의 비무장이 수용되었다. 그러나 이 국가들은 소련과 바르샤바 조약에서 한 약속으로부터 철수를 요구하는 관점에서의 중립화는 제안하지 않았다. 마르크스-레닌주의 관점의 중립화는 따라서 자본주의로부터 사회주의로 전환하는 시각을 의미한다. 중립

---

4 제2장, 각주 1에 인용한 Klimenko에 덧붙여 V. N. Durdenevskii, "Neitralitet v sisteme kollektivnoi bezopastnosti," *Sovetskoe Gosudarstvo i Pravo* no. 8 (1957): 81-91; A. Galina, "Problema neritrliteta v sovremennom mezhdunrodnom prave," *Sovetskoi Ezhegodnik Mezhdunrodnogo Prva, 1958* (Mowscow, 1959), 200-229; B. V. Ganiushkin, *Neitralitet i neprisoedinenie* (Moscow, 1965); H. Fiedler, *Der sowjetische Neutralitäts-begriff in Theorie und Praxis* (Köln, 1959).

화는 자본주의 집단에서 어떤 국가를 탈퇴시키거나 참여를 유보시키며 그들의 사회에서 사회주의 촉진을 위해 설계된 정치, 경제, 사회 분야의 조치에 대한 지도자들의 저항을 어느 정도 감소시킬 수 있다.

미국

중립화 주제를 총괄적으로 다룬 미국의 공식 문서는 없지만, 일련의 특수한 정치적 행동과 성명들로부터 중립화 정책의 발전 상황들을 유추할 수 있다. 제2차 세계 대전 이전에 미국의 중립 원칙에 대한 주요 관심은 중립 정책 자체의 발달이었다. 실제로 1935년 중립 법안이 통과된 후 1941년까지 제2차 세계 대전의 초기 이전에는 중립성 법칙이 주로 주장되었다. 이러한 관점의 일부분은 두 번의 세계 대전을 회피하려는 욕구에 기초하며 또 부분적으로는 외국과 얽히지 않으려는 전통적 정책에 기반을 두는데, 이런 전통은 조지 워싱턴 대통령의 고별사(1796)까지 거슬러 올라간다.[5]

제2차 세계 대전 이후 미국의 안보는 유엔 헌장과 헌장 51조에 따른 집단 방위 형태에 의존하였으며 북대서양조약기구(NATO), 중앙조약기구(CENTO), 동남아시아조약기구(SEATO), 미주기구(OAS) 등을 구성하는 42개의 동맹 조약이 포함되어 있다. 유엔 회원국들은 헌장의 정신 아래 타국에 대해 폭력을 사용하거나 타국으

---

5 전통적 미국 정책의 가장 종합적인 설명은 Philip C. Jessup et al., *Neutrality: Its History Economics and Law* (4 vols., New York, 1935-1936).

로부터 폭력적 위협을 고려하여 모였기 때문에 다양한 형태의 중립은 원리의 결핍을 포괄한다. 더구나 미국은 중립, 중립화 그리고 중립주의를 집단 방위 체제에 대한 장애물로 간주하는 경향이 있어 왔다.

미국은 일반적으로 중립화 정책에 대해 비동조적 틀을 유지하고 있었지만, 관심을 보이는 국가들에 대해서는 특수한 상황을 다루는 최상의 방법으로 성숙한 결정에 도달할 수 있도록 지지를 보냈다. 그래서 미국은 탕헤르(Tangier, 1945~1956), 트리에스테 자유지구(Free Territory of Trieste, 1945~-1954), 남극조약(Antarctic Treaty, 1959), 라오스 중립 선언(1962)의 서명국이었다. 라오스에 대한 제네바 협상 과정에서 딘 러스크(Dean Rusk) 국무장관은 라오스의 중립화를 지지하고 "국가 활동의 요소들을 통합하는 데 대한 능동적 보장"과 "국내뿐만 아니라 국외적으로도 중립화를 위협하는 요소들로부터 중립화를 유지하고 보호하는 효율적 국제조직"의 필요성을 강조하는 강력한 성명을 발표하였다.[6]

미국은 통상적으로 중립화 조약에 대해 법률을 존중하는 입장을 선호하였으며, 그러한 조약들이 비 서명국에 대해서는 크게 중요하지 않다는 관점을 유지하였다. 미국은 결코 스위스와 벨기에 그리고 룩셈부르크 중립화의 공식적 시각에 인식을 공유하지 않았다. 그러나 제1차 세계 대전이 발발한 이후에 미국은 적대국이 중립을 존중해야만 중립을 관찰할 것이라고 스위스에 통보하였다.

---

6 "United States Outlines Program to Insure Genuine Neutrality for Laos. Statement by Secretary Rusk," *Department of State Bulletin* XLIV (June 5, 1961), 846.

비슷한 관점에서 미국은 오스트리아나 캄보디아처럼 국내법으로 선언한 자체 중립화(self-neutralization)가 다른 국가들에게는 구속력이 없는 것으로 간주하였다. 이러한 입장은 국무부 법무보좌관실이 1955년 11월 16일에 발표한 "오스트리아 중립의 특징과 중립 선언에 대한 미국 반응의 법률적 의미"라는 제목의 각서에 정의되어 있다. 이 각서는 주요 당국의 의견을 잘 정리하였고 비참여 국가가 중립화 조약 혹은 정책의 문제로 중립을 위반하지 않을 것이라는 견지에서 자체 중립화 선언을 인식할 수 있을 수 있다. 그러나 그러한 국가가 명시적으로 중립을 보장하기로 동의하지 않는 한 그러한 중립화를 방어할 책임은 없다고 지적하였다.

그래서 미국은 1955년 11월 6일 자 노트에서 "오스트리아의 영구중립을 공인…"이라고 오스트리아에 통보하였는데, 그것은 단순히 오스트리아가 중립의 의무를 위반하는 행동을 할 때 제어할 의도가 있음을 단순하게 공적으로 표명한 것이다.[7]

라오스 중립화에 대한 미국의 지지는 직접 보장국이 되어 국제적 보장에 의한 중립국이 되는 유일한 사례로 미국 중립화 정책의 새로운 선례를 확립하게 되었다. 이 사례는 반복이 예상되지 않는 특수 상황의 독특한 예외로 남을지 혹은 실제로 미국과 소련의 집단 방위 체제가 국경 충돌을 회피한 결과 점증하는 이해관계에 따른 정책 변화를 나타내는 것인지는 더 지켜봐야 할 것이다. 라오스 중립화에

---

7 Marjorie M. Whiteman, ed., *Digest of International Law* I (Washington, D.C., 1963-), 342-364.

대한 미국의 공헌은 효율적 집행 기구가 조약을 세밀하게 작동하도록 프랑스와 협력하여 제안한 것이었다. 비록 프랑스-미국 제안서가 채택되지는 않았지만, 라오스 조약의 경우 중립화의 첫 번째 조약의 보장국과 피보장국의 의무가 세밀하게 작동할 수 있는지에 대한 관심을 유발하는 효과를 보여 준다.

중립국과 국제기구

중립 유지와 관련된 사항들 이외의 어떤 군사작전도 실행할 수 없는 영구중립국에 대한 제한은 군사적, 정치적 성격을 띤 세계적, 지역적 국제기구와의 관계성에 의문을 제기하였다. 국제연맹(1920~1946) 설립 이전까지는 그러한 문제가 발생할 기회가 별로 없었지만 최근에 국제기구의 역할에 대한 중요성이 점차 증대되고 있다.

유엔(국제연합)

1920년 스위스의 국제연맹 회원권이 문제 되었을 때 중립국과 국제기구의 관계에 대한 결정적인 문제점이 드러났다. 국제연맹 규약(Covenant)은 제16조에 한 회원국이 전쟁에 대한 의지가 있다면 타 회원국은 상업적 재정적 관계 단절, 침략자에 대응하기 위한 군대의 통과를 포함하여 침략을 감행한 국가에 대해 제재할 의무가 있다고 규정하였다. 이러한 요구는 영구중립국의 의무와 명확하게 양립할 수 없으므로 국제연맹은 스위스가 연맹에 가입하기 위해 예외적인 방식을 결정하였다. 1920년 국제연맹은 연맹이 적용한 경제제재에 스위스가 참여할 의무가 있지만, 예외적인 경우로 군사행동의 참여를 요청하지 않으며 외국군 부대가 자국을 통과하거나 연맹이 주도하는 군사작전의 준비를 위한 자국 영토 사용을 요청하지 않기로 결정하였다. 그러한 타협 방식은 차등(differential) 혹은 조건(qualified) 중립이라고 하였다. 스위스는 이러한 예외적 조건으로 연맹에 가입하였고 10년 넘게 연맹 활동에 참여하였다. 그러나 1930년대 집단 방위 체제가 그 효력을 상실하기 시작하자 관계를 유지하기가 어려워졌다. 1928년 경제제재 참여 의무 해제를 청구한 스위스의 요구가 수용되었고 연맹 활동의 나머지 기간에 스위스의 완전(integral) 혹은 무조건(unqualified) 중립이 복구되었다.

침략국에 대처하는 제재를 위해 회원국들에게 요구하는 조건 측면에서 유엔 헌장은 국제연맹 규약보다 훨씬 융통성이 있기는 하지만, 그럼에도 불구하고 영구중립국의 지위와 유엔 회원권의 양립성을 다루는 데 여러 가지 심각한 문제들이 제기된다. 유엔은 헌장 제43조에 회원국은 안전보장이사회가 요청하는 경제적 제재와 외교적 제재에 참여하여야 하고 평화를 파괴하거나 침략행위를 하는 범죄가 발견된 국가에 대해 군사적 조치를 취할 때 동참할 것을 규정하고 있다.

유엔이 창립되었을 때 스위스 정부는 헌장의 조항을 검토하고 중립화 지위와 양립할 수 있는 유일한 회원국 형태는 국제연맹이 1938년에 부여하였던 예외적 회원국의 형태와 동일할 수밖에 없다는 결론에 도달하였다. 그렇지만 스위스 정부는 그러한 제안을 하지 않기로 결정하였다. 그러한 결정은 다른 회원국들이 담당할 것으로 추정되는 책임에서 제외된 형태의 회원 자격으로 스위스가 가입하는 것에 대해 유엔이 경직된 조치를 취하지 않을 것이라는 믿음에 도달하였기 때문일 것이다.[8] 제2차 세계 대전 종전 후 전쟁에 승리하기 위해 엄청난 희생을 감수하였고 중립보다 더 고귀한 가치를 실현하기 위해 독재에 항거하였다고 생각하는 국가들에 의해 중립화와 중립 그리고 중립주의의 원칙들은 매우 낮게 평가되었다. 실제로 어떤 국가가 독일과 그 연맹국들에게 전쟁을 선언하여 평화를 향한 의지를 보여 주는 것이 1945년 샌프란시스코 회의에 가입하기 위한 한 가지 조건이었으며 이 회의에서 유엔 헌장이 채택되었다.

심지어 스위스는 유엔 회원국이 되지 않았는데도 유엔의 많은 활동에 참여하였다. 유엔 본부에 상주 옵서버를 파견하였고 그 외에도 유엔교육과학문화기구(UNESCO), 식량농업기구(FAO), 세계기상기구(WMO), 국제원자력기구(IAEA), 기타 유엔이 창설하거나 연계된 기관들의 회원으로서 역할을 통해 유엔의 사업에 많은 공헌을 하였다. 두 명의 유엔아동기금(UNICEF) 의장, 두 명의 유엔난민고등판무관(UN High Commissioner for Refugees)을 배출하였고 상당한 액수의 자금과 유엔개발기금 관계 인력을 지원하였다. 평화유지 영역에서 스위스는 한국의 유엔정전위원회의 위원으로 참여할 뿐만 아니라 1956년 이탈리아의 유엔 파견단을 스위스 항공을 이용하고

8 Reinhart Ehni, *Die Schweiz und die Vereinten Nationen von 1944-1947* (Tübingen, 1967).

비용을 부담하여 이집트로 수송하였고, 유엔의 콩고 개입 시에는 스위스의 전문가들을 민간인 자격으로 파견하여 현지 활동에 참여시켰다. 또 스위스는 유엔이 재정적 위기에 처했을 때 차관을 제공하였고 키프로스에 주둔한 유엔 평화유지군에게도 역시 재정적 도움을 주었다. 스위스 정부는 이러한 모든 활동이 영구중립의 정책과 양립할 수 없는 것이 결코 아니라고 평가하였다.

유엔 창설 후 20년의 경험을 검토한 결과 스위스 여당은 유엔 기구의 정규 회원국에서 실제로 스위스의 전통과 중립 정책이 그 나라들과 양립 불가능하게 작동하는지에 대한 의문을 제기하였다. 1945년 당시에는 유엔을 안내해 줄 수 있는 경험이 아직 없었으므로 본래의 부정적 결정은 단지 헌장의 단어에 표현된 의견에 기초를 둔 전문가들의 충고에 의존하였다. 그러나 실제로 20년의 과정에서 유엔은 1945년에 나타난 이론과는 상당히 다른 것으로 증명되었다.[9]

예를 들어 실제로 회원국은 침략자에 대응하는 무기 사용을 요구받은 적도 없고 평화유지 활동의 많은 업무가 안전보장이사회로부터 회원국들과는 결의 내용상 연결성이 적은 총회로 이관되었다. 콩고와 키프로스의 사례처럼 안전보장이사회가 직접 주도하는 경우 평화유지군은 회원국들의 자발적 공헌으로 구성되어 파견된다. 평화유지 활동을 위한 재정 확보 역시 자발성에 의존하는 경향이 있었다.

군사적, 정치적, 경제적, 재정적 성격의 강제적 조치에 의무로 참여하는 집단 방위 체제는 중립 정책과 양립할 수 없다는 스위스

9 Counsellor, W. Spühler "La Suisse et les Nations Unies," *mimeogrphed* (October 21, 1966).

정부의 견해는 여전히 유지되고 있다. 동시에 유엔은 그런 관점에서 국제연맹보다는 덜 경직되어 있었음을 실천으로 보여 주었다. 헌장 제43조에 따른 군사적 제재는 안전보장이사회 영구 회원들의 합의에 의존하였는데 20년 이상 기간에 그런 조치에 결코 동의할 수 없었다. 만일 그런 합의가 성립되었다면 그 결정은 전체 회원국에 구속력이 미치지 못했을 것이고 안전보장이사회는 특수한 활동을 수행하기 위해 초청할 회원국을 자유롭게 결정했을 것이다. 안전보장이사회보다 오히려 총회가 집단 방위 활동을 수행하는 사례에서는 그 결의가 덜 의무적이며, 중립국은 참여 여부에 대한 선택권을 가질 수 있을 것이다.

그러나 집단안보에 관련된 특수 조치 이외의 정치적, 경제적, 사회적 안건들이 고정적이고 적대적인 입장에 경도되어 있는 주요 국가들과 연결하여 총회에서 광범위하게 논의되었다. 예를 들어 공식적인 기권의 경우라도 찬성 혹은 반대로 해석될 여지가 다분하였다. 따라서 중립국이 군사적 강제조치에 대해 기권하는 것으로부터 유엔 회의 과정에서 핵심 요지와 절차에 대한 사소한 논쟁에서 의견표명을 기권하는 것까지 권리를 신장하기가 얼마나 어려운가에 대한 의문이 제기될 것이다.

오스트리아가 영구중립을 확립한 헌법을 채택한 후 유엔 회원국으로 승인되는 과정에서 그 연관성의 의미에 주목할 필요가 있다. 유사하게 1962년 라오스의 중립화는 유엔에서 회원국이 되는 데 영향을 미치지 못했다. 동시에 오스트리아 경우 회원 가입 승인과 라오스의 경우 회원국 연장 승인이 중립화와 회원국 사이의 양립성에 대한 공식적 논의 없이 결의된 사실은 중요한 의미를 가진다. 이 경우 기존 회원국들의 중립과 중립화에 대한 개념보다는 연계성에 대한 무관심이 문제가 된다. 스위스에게 중립이란 전쟁 국가에 대한 일절 군사적 정치적 행위를 회피하는 국가 정책이다. 그에 반해 오스트리아와 라오스의 경우 중립화란 두 개의 주요 집단 방위 체제 사이에 전쟁 후 세력 균형이 유지되는 정책이다. 두 연합 사이의 경쟁에서 중립을 지키는 지배적 의무와는 별도로 오스트리아와 라오스는 유엔의 통상적 업무에 자유롭게 참여하는 것으로 생각하였다.

유럽경제공동체(Eruopean Economic Community, EEC)

중립국들과 유럽경제공동체의 연관성은 국제 체제의 참여국이 직면하는 두 번째 주요 현안이 되었다. 스위스와 오스트리아의 유럽자유무역연합(Europe Free Trade Association) 회원권에 대해서는 EFTA가 단지 경제적 관계만 다루기 때문에 별문제가 없었다. 반면에 EEC는 정치적 통합을 향한 염원이 있었는데, 이에 덧붙여 소련은 적성 연합으로서 관점을 가지고 있었다.

1961년 영국이 첫 번째로 EEC 가입을 신청하였을 당시에 스위스와 오스트리아도 가입을 신청하였다. 그러나 EEC는 영국의 신청을 거부하면서 기타 주요 무역국을 포함하여 기구의 확대 문제를 고려하기 위해 승인 사항을 연기하였다. 그리스, 튀르키예, 나이지리아의 준회원 가입에 대해서는 정회원 가입에 관한 더 큰 문제에 가려서 논의에 포함되지 않은 느낌이었다.

EEC에 대한 스위스의 관심은 일차로 경제적 고려에서 촉발되었다. 1958년 이래 개발된 EEC 정책의 강조점은 정치적 통합보다는 경제에 있었다는 것이 스위스의 관점이었고 경제문제에 있어 최고의 가능한 협상 위치를 유지하려는 것이 스위스의 관심사였다. 정치적으로 통합된 유럽에 참여하였음에도 불구하고 스위스의 중립과는 아마도 양립이 어려웠을 것이고 정치적 통합의 목표가 희미해진 EEC 준회원 국가들에 의해 문제가 제기되지 않았을 것이다. 그러므로 스위스 정부는 EEC 확장에 필요한 첫 번째 단계로서 EEC에 가입하려는 영국의 더 많은 개발 노력을 기대하고 있다.[10]

EEC에 대한 스위스의 공식 입장과는 상반되게 스위스에는 EEC의 원칙에 적대적인 한 무리의 여론 층이 존재한다. 원칙적으로 EEC에 적대적인 학파는 EEC가 초창기 6개 회원국의 필요에 따라 설립되었고, 각 회원국에서 지방 당국에 대한 중앙정부의 지배를 조장하고 있으며, EEC 기구 내의 큰 국가들이 작은 국가들을 지배하려는 경향이 있다는 관점을 유지하고 있다. 그런 점에서 스위스의 관심은 이런 종류의 방어를 요구하지 않는다. 스위스의 EEC 참여는 더 큰 유럽 국가들의 이익에 종속되어야 했고 스위스의 전통적인 분권화 정치 및 행정 구조에 대한 위협이라는 비싼 대가를 치르고 나서 성취가 가능하였다. 아무튼 이 문제는 스위스의 유엔 회원권

---

10 Henri Stranner, *Neutralité suisse et solidarité européenne* (2nd edn., Lausanne, 1960); Henri Rieben, *La Suisse et le Marché Commun* (Lausanne, 1960); Wilhelm Röpke, Bernhard Wehrli, and Hans Haug, *Die Schweiz und die Intergration des Westerns* (Zurich, 1965).

문제와는 달리 스위스의 중립과 EEC의 연관성 사이의 화해 조정을 의미하는 것은 아니다. 스위스와 EEC의 연관성 지지자들은 단순히 무역 문제에만 관심이 있으며 또 유의미한 정치적 행위가 연관될 것이라고는 믿지 않는다.[11]

오스트리아의 EEC 참여 문제는 오스트리아의 영구중립 특수성 관점 때문에 또 다른 측면에서 논의되었다. 오스트리아 정부는 어떤 국제기구가 군사적 성격이 있지 않은 한 자유로 가입할 수 있고 EEC와 연관성은 전적으로 자체 중립화와 양립할 수 있다는 견해를 유지하였다. 이 해석에 의거하여 오스트리아는 1963년에 가입 지원서를 다시 제출하였고 EEC는 협회 가입을 전제 조건으로 협상의 진행에 동의하였다. 중립화에 비추어 오스트리아가 수락한 두 가지 조건이 제안되었다. 첫째로 회원국 중 한 국가가 전쟁에 관여한 경우 EEC 연합에서 자동으로 탈퇴한다. 둘째로 중립을 위반한 것으로 간주되는 EEC의 개별적 결정의 수락 여부에 대한 자유를 유지한다.

소련 정부는 중립의 불가분성을 주장하면서 오스트리아의 중립 해석에 강하게 반대하였다. 중립국은 군사 동맹을 맺는 것뿐만 아니라 어떤 국가들만 특별하게 선호하는 정치적, 경제적 혹은 문화적 특성에 연관된 모든 행위를 자제해야 한다. 소련의 이러한 해석에 따르면 중립국 오스트리아는 EEC와 관계 그 자체에서 전혀 문제될 것이 없다. 그런데 이 논의에도 약점이 없는 것은 아니다. 아마도

---

11 Kurt Brotheck, *Die schweizerische Neutralität als Beitrag zu einem freien Europa* (Bern, 1963), 71-78.

오스트리아는 유럽자유무역연합(EFTA)의 회원국보다 더 큰 의무를 포함하지 않으면서 순수하게 상업적 성격만을 가진 EEC와 협상을 진행하였을 것이다. 다른 한편으로 스위스는 EEC와 합의에 도달할 수 있었고, 그래서 오스트리아는 오스트리아를 모델로 삼아 스위스의 중립을 제안한 모스크바 각서를 지적할 수 있었다. 명확한 반대에 직면한 소련 당국은 오스트리아와 독일 사이에 어떤 형태의 경제 연합(Anschluss)도 금지한 오스트리아 조약을 내세워 주장을 확대시키고 논의를 진척시켰다. 독일 민주 공화국(동독)은 EEC의 회원국이었기 때문에 오스트리아에 대한 이러한 제한은 전체 EEC 내에 있는 협회에 가입하는 데 장애물이 되었다.

따라서 EEC에 대해 오스트리아가 직면한 문제는 법적이고 동시에 정치적 성격을 띤다. 법적인 문제는 중립을 규정한 헌법과 가능한 EEC 관련성 사이를 조정하는 것이다. 정치적 문제점은 만일 소련의 반대를 무시하고 EEC와 조약을 체결하는 것으로 결론을 내린다면 대량 무역을 포함하여 소련(USSR)과 동유럽과의 관계에 대한 오스트리아의 관심이 심각하게 영향을 받을 수도 있다는 점이다.

중립화와 국제 체제

중립화와 세계 정치

중립화의 대안적 정책을 평가하는 데 있어 중요한 점은 중립화에 대한 기술적 관점과 정치적 함의를 구별하는 것이다. 기술적 관점에서 중립국은 다른 국가에 대한 군사적 및 정치적 개입을 자제하는 의무를 이행함으로써 국제적 논란의 여지를 소멸시킨다. 반면에 한 국가의 중립화 의미는 또 다른 별도의 문제이고 중립화가 이뤄지는 정치적 맥락에 의존한다.

그러한 명제는 중립화의 역사적 사례를 살펴보면 명확하게 실증이 된다. 1815년 스위스의 중립화와 1839년 벨기에의 중립화는 정치적 관점에서 볼 때 1793~1815년 전쟁 동안에 프랑스가 실시한 지역 확장의 새판을 방지하기 위해 안전장치를 설치한 것이다. 1859년까지도 프랑스는 스위스의 중립을 위협하는 중요 잠재국으로 간주되었다. 그렇지만 프로이센 지도력에 따른 독일어권의 통일과 함께 등장한 새로운 독일은 중립화의 통제가 필요한 세력으로 예상되었다. 프로이센은 1847~1851년 사이에 스위스의 중립을 위협하였고 독일의 확장은 1867년 룩셈부르크의 중립화와 1870년 벨기에의 중립국 지위를 재확인하는 주요 원인이 되었다. 영국의 관점에서 벨기에의 중립화와 범위가 축소되긴 했지만, 룩셈부르크의 중립화는 1860년대까지 프랑스뿐만 아니라 그 후의 독일이 롤런드(Lowlands)에서 주요한 영향력을 확보하고 세력 균형을 변경시키는 것을 보장받음으로써 영국의 안전보장 목적과 관련되어 있었다. 이런 경우 중립화의 기술적 관점에서는 1815년 이후 19세기에 별로 변화가 없었지만 정치적 관점에서는 유럽 국가들의 정치체제 내부 세력 균형의 모든 변화에서 유의미한 변동을 수반하였다.

유사하게도 제2차 세계 대전 이래 중립화된 국가들의 경우 정치적 고려가 증대되었다. 오스트리아의 자체 중립화는 국제적 보장이 없는 형식을 취하였지만 실제로 소련의 정책과 밀접하게 연결된 묘책으로 타협적 합의를 도출하였다. 소련의 입장에서 오스트리아는 4국 점령하에 있었고 국제적 행위가 제한되었기 때문에 독립은 되었지만 상호 관계는 여전하였다. 미국, 영국, 프랑스의 관점에서 오스트리아는 소련군의 부분적 점령으로부터 자율적이었다. 오스트리아의 독립 성취로 인해 EEC와 연합하여 유럽의 경제적 통합을 위한 움직임에 동참하는 오스트리아 대외 정책의 주 관심사와 소련 정책이 해석하는 중립화의 의무 사이에 부담감이 형성되었다. 이것이 중립화의 기술적 관점과 정치적 관점의 차이를 설명하는 대표적 사례이다.

1962년 라오스 중립화의 경우 주목적은 그들의 안보에 즉각적인 관심이 없는 지역의 주요 국가들 사이의 갈등을 회피하기 위한 것으로 보였다. 이러한 경우 중립화는 제한적 기초에서 라오스 사태에 개입하는 보장국 역할을 하는 작은 이웃 국가를 허용하는 반면, 큰 나라에 속하는 라오스에 대해서는 불간섭 정책의 효율화를 목적으로 작동한다.

남베트남이 중립화된다고 가정한 사례의 경우 정치적 합의는 중립화가 달성된 환경에 의존할 것이다. 중립화는 미국과 기타 지원국이 돕는 남베트남 정부에 의해 다음과 같은 전적인 조정의 확립에 따라 합의될 것이다. 혹은 두 경쟁 세력 중 어느 한쪽이 명백한 이익을 얻은 상황 혹은 북베트남과 그 동맹의 지원을 받는 민족해방전선(NLF)이 승리한 후 조정이 가능할 것이다. 중립화의 공식 조건은 아마도 위의 세 가지 대안과 아주 유사할 것이다. 그러나 정치적 결과는 유의미하게 다양할 것이다. 중립화는 평화와 마찬가지로 다양한 내용을 담을 수 있는 그릇이다.

국가의 국제적 역할

중립화의 정치적 귀결의 중요성은 국제 체제가 최상의 목표를 위해서 모든 회원 국가가 평등하게 참여한다고 가정하는 데에 있다. 중립화 결과 개별 국가들이 국제 체제로부터 유리되는 범위 안에서 국제 체제의 변화가 일어난다. 주요 국가들의 논란을 해결하기 위한 국가 중립화의 광범위한 활용은 국제 체제의 근본적 재구성을 포괄한다.

현대의 국제 체제는 두 가지 수준에서 작동되고 있다고 말할 수 있다. 즉, 유엔 및 그 관련 기관으로 대변되는 공식 수준과 집단 방위 체제, 연합(bloc), 동맹의 비공식 수준이다. 유엔 헌장에 따라 모든 회원국은 타국으로부터 침략을 방어하고 헌장 제43조에 의한 안전보장이사회의 결의에 따라 침략자를 응징하도록 약속을 보장받는다. 결론적으로 모든 국가의 보안이 이미 제공된 안보 체제에 따라 중립화가 불필요하거나 헌장에 따라 확립된 사항을 약화시키거나 간섭하는 과잉의 과정을 도입한 안보 조항을 과소평가하는 경향이 있다. 실제로 헌장에는 중립화에 대한 언급이 없으며 그 조항은 유엔 회원국이 요구할 수 있는 안보 조치에 참여하는 국제적 약속 측면에서 모든 회원국이 동등한 능력이 있다는 전제에 근거를 둔다. 중립국의 유엔 가입에 우호적인 주장은 그 국가들이 예외적 지위를 부여받는 것이 아니라 안보에 대한 헌장 조항이 대단히 융통성이 있어 중립국 지위를 가진 국가들이 중립 의무를 위반하도록 압력을 받는 일은 없을 것이라고 가정한다.

집단 방위 체제와 또 다른 집단이 관여하는 비공식 수준에서 중립화는 의미 있는 다양한 역할을 한다. 중립국이 군사적 혹은 정치적 동맹과 연합에 참여하는 것이 금지되는 것은 명백하다. 그리고 지역적 경제 연합이 정치적 결과를 수반할 가능성이 있는 한 중립국의 참여 문제는 계속 논란의 여지가 있다. 중립국이 처음부터 연합과 제휴하지 않았다면 더 이상 그런 동맹 체제의 회원이 될 필요가 없을 것이고, 만약 가입이 되어있었다면 탈퇴할 것이 요구된다. 전자의 경우 정치적 연합들 사이의 비공식 균형을 통하여 현상 유지가 지속될 것이며, 후자의 경우 세력 균형에 변형이 일어나 현상 유지가 변경될 것이다. 후자의 경우가 일반화되고 다수의 정치적 연합 국가가 중립화된다면, 결과적으로 상당한 국제 체제의 변동이 초래될 것이다.

그런 점에서 중립화의 정치적 결과는 국제 체제의 공식적 수준보다는 오히려 비공식 수준에서 더 지대한 영향을 미칠 것으로 보인다. 중립화를 선택한 국가들이 기존의 연합으로부터 이탈을 선택한 정치적 의미는 그러한 회원국의 연속적인 감소뿐만 아니라 다른 회원국에 의지를 요구할 수 있는 영향력의 증대에 있다. 반면에 유엔 회원국의 중립화는 획기적인 영향력이 있어 보이지는 않는다. 우리는 의심할 여지가 없이 헌장 제43조에 의한 안전보장이사회의 결의가 중립 회원국에 연관된 제한을 가진 환경을 상상할 수 있다. 그러나 이것은 중립화가 유엔의 공식 기구를 방해할 수 있는 단 하나의 중요한 방법인 것으로 보인다.

비록 국제 체제의 공식적 수준과 비공식적 수준이 구분되어 있다고 할지라도 그 두 가지가 분리되어 있는 것은 아니다. 실제로 유엔 총회와 안전보장이사회의 논의와 투표에서 통상적으로 공식적 수준에 있는 정치적 관계성은 미세하게 반영된다. 그런 점에서 유엔의 결의를 통하여 표출되는 국제정치는 국제 체제의 비공식적 수준에서 국가들의 중립화의 영향을 받는 것 같다.

국가들의 중립화에 따른 국제 체제 변형의 정치적 의미는 중립화의 광범위한 사용에 의해 창출되는 상황을 고려하면 예상할 수 있을 것이다. 다양한 비제휴, 중립주의 그리고 비군사화가 중유럽, 중동, 아시아, 아프리카, 남미에 있는 여러 국가의 연합체들에게 제안되었다. 아마도 안전보장이사회 상임국인 주요 국가들의 보장을 확보한 공식적 중립화 국가들에게 그러한 제안을 확장하는 것을 상상하는 것은 별로 어려운 일이 아닐 것이다. 그러한 개발의 효과는 주요 국가들이 모든 결정권을 장악하고 있는 세력에 집중되어 있고 다수의 중립국이 군사적 그리고 정치적 동맹을 스스로 자제하기로 약속하는 국제 체제를 만들 것이다. 유엔에서의 이러한 해결 방안은 총회를 제치고 안전보장이사회가 더 큰 힘을 장악하고 안전보장이사회 내부에서도 현재 비상임이사국의 영향력보다 상임이사국의 지배가 증대되는 방향으로 이어질 것이다.

그런 종류의 국제 체제의 확립은 주요 국가들의 동의 없이는 별로 가능하지 않을 것이며 또 그러한 합의가 장기간 유지될 것이라는 보장도 없다. 안전보장이사회의 만장일치 제도에 의존도가 점증함에 따라 국제 체제는 더 경직되는 쪽으로 되는 경향이 있다. 더욱 특별한 것은 큰 나라들(독일, 일본, 인도, 인도네시아)의 중립화는 평화유지의 역할을 감소시킬 것이며 그에 상응하여 보장 국가들의 책무가 점차 증가될 것이다. 만일 모든 중립국이 그런 체제를 수용한다면 또 국제 체제에 있어 국가들의 발전과 계속-변화의 역할을 하는 보장 국가들에서 실제로 합의가 성사된다면 국제 체제는 원활하게 작동될 것이다. 그러나 우리가 인지하고 있는 실제 세계에서 그러한 조건을 만나기는 대단히 어려울 것이다. 따라서 중립화의 폭넓은 활용을 수반하는 국제 체제는 보장 국가들 사이의 관계성에 주로 의존할 것이다. 그리고 미래가 예측 가능하다면 아마도 과거 10년보다 더 좋은 상황이 되지는 않을 것이다.

극단적으로 생각해 본다면 어떤 국가에서도 중립화가 성사되지 않는 상황을 예상해 볼 수 있을 것이다. 실제로 이것은 유엔 헌장에 기초한 가정으로 헌장이 규정하는 과정에 따라 유지되는 국제 체제를 의미할 것이다. 중립국이 존재하지 않는 국제 체제는 비군사화 혹은 비핵(atom-free) 국가 혹은 국가연합 설립이 금지되는 체제일 필요는 없을 것이다. 핵무기나 다른 일반 무기에 대한 조절과 보급 제한은 별개의 문제이고 국가의 중립화와는 뚜렷이 구분되는 쟁점 사안이다.

타국과의 약속이나 공식적 인지가 없는 한 국가의 비동맹 정책도 역시 별도 사안이며 유엔의 평화유지 기구로부터 간섭을 받지 않는다. 유사하게도 그러한 체제는 국가, 지역, 운하, 강, 국가가 아닌 지역 등의 부분적 중립화에도 아무런 영향력이 없다.

4장

중립화에 적합한 지역

중립화는 일차적으로 둘 혹은 그 이상의 외부 행위자가 본질적이고 경쟁적인 이해관계를 가진 지리적으로 정의가 가능한 지역과 상관관계가 있다. 따라서 중립화의 개념과 광범위한 상관관계가 결여된 몇 가지 분쟁의 범주가 존재한다. 극단적인 예로 외부 간섭이 없는 내부 대변동에 대해서는 중립화 방식이 별로 할 역할이 없다. 그런 경우 분쟁을 중립화할 아무런 사안이 없기 때문이다. 또한 독립 국가들 사이에 중간 영토나 지리적 독립체에 관한 직접적인 분쟁이 없는 경우 중립화 문제는 별로 상관이 없는 것처럼 보인다. 실제로 중립화를 수행해야 할 아무런 사안이 없다.

그렇지만 국제정치의 현안에서 발생하는 수많은 분쟁은 그렇게 단순하게 유형화할 수가 없다. 외부 세력은 베트남, 키프로스, 예멘같이 심각한 내부 붕괴, 대변동, 사회적 갈등을 이미 겪고 있는 국가나 지역 문제에 경쟁적으로 적극 개입한다. 세계질서의 전망이라는 관점에서 볼 때, 중립화를 원하는 것처럼 보이는 동일 요인에 의해 중립화의 실현 가능성이 약화된 경우라 할지라도 중립화의 필요성에 대한 욕구는 특히 그러한 상황에서 강한 것처럼 보인다. 덧붙여 외부 행위자는 1955년 독립 조약 이전의 오스트리아처럼 정부의 실질적 자치 능력을 가지고 사회적 불안으로 방해를 받지 않는 국가들의 문제에도 종종 경쟁적으로 개입한다. 내부 생존 가능성이 외부 행위자의 개입에 대한 기회와 유혹을 감소시키는 경향이 있기 때문에 이런 경우에 중립화의 실현 가능성은 증대하기 쉽다.

적합성 문제에 대한 세 가지 접근법

중립화에 적절한 지역을 기술하는 문제에 대한 가능한 접근법으로부터 다양한 전망이 존재한다.

중립화의 기능

아마도 중립화의 기능에 대한 최고의 상식적 인용은 명시적 적대성의 감소와 조정을 취급한다는 것이다. 중립화는 외부 행위자의 경쟁적 정치적 이해관계가 이미 침해 당한 상태에서 격렬한 충돌의 발생을 방지하기 위해 채택된다. 그러한 경우에 중립화는 사후 해결책보다는 사전 예방책으로 작동할 것이다. 또 기존의 분쟁 수준에서 어느 쪽도 결정적 이득을 볼 희망이 없는 경우와 주요 국가들이 조절 불가능한 점진적 결과를 염려하는 경우 중립화는 외부 간섭의 지지를 받는 명시적 적대성의 종결을 유도하는 데 유용할 것이다. 덧붙여 분쟁 양상이 완전하게 종결될 가능성이 희박한 경우라 할지라도 분쟁 조절 개념에 중점을 둔 조정 역할의 가능성이 존재한다. 그러나 중립화가 그런 방법으로 작동하는 한에 있어서는 분쟁의 방지와 종결에 대해 단지 제한적인 성공의 시도가 있을 뿐이다.

중립화가 수행할 수 있는 또 다른 기능이 있다. 중립화에 유사한 방안들이 독일과 한국과 같은 분단국의 재통일을 성취하는 방법으로 논의되어 왔다. 경쟁적인 정치적 노선의 영향에 의해 그런 분단 상태가 지속되는 한 어느 쪽도 상대방의 희생으로 이득을 얻어내지 못하기 때문에 중립화는 해결 방안에 대한 흥미 있는 가능성을 제공한다. 마지막으로 중립화는 국제무대의 정치적 경쟁의 영역으로부터 지리적 영역이나 가치의 대상을 단순히 제외하는 작용을 한다. 이와 같이 중립화 방식은 다른 곳에서 경쟁하고 있는 관련 참가자들 사이에서 합의를 구성하는 것이다. 논쟁에서 제외하는 이 개념은 일반적으로 작은 국가들에게 적용되었으나 우주 공간이나 남극처럼 다양한 비국가 지역과도 동일하게 관련성이 있다.

중립화의 잠재적 주체

중립화가 될 수 있는 후보에는 어떤 유형의 지역이 있을까? 가장 중요한 후보는 역시 국가이다. 아마도 오늘날 중립화에 대해 제안되는 가장 보편적인 주체는 첫째로 라오스같이 신생국이면서 내부적으로 약소국인 국가들과 둘째로 독일이나 베트남 같은 분단국들일 것이다. 이러한 국가들에 의해 발생하는 문제는 현안의 국제정치를 괴롭히고 있다. 두 가지 유형의 국가 모두 외부 세력에 의한 경쟁적 개입의 특수한 쟁점을 구성한다. 그러한 경우에 이러한 요인들이 중립화의 개념을 매력적으로 만들어 준다고 할지라도 그들은 또한 중립화의 성취와 성공에 대한 심각한 장애를 형성하는 경향을 띠기도 한다.

다른 유형의 지역들이 중립화의 잠재적 후보로 거론된다. 정상적인 여러 독립 국가로 구성된 동남아시아 같은 지역에 대해서 중립화를 실현하는 것은 바람직한 것으로 보인다. 외부 개입의 양상이 전체 지역의 불안정성을 조절할 능력이 없는 어떤 한 국가의 국내 정세를 안정화할 전망을 급격하게 감소시킬 때 그러한 가능성은 특별히 중요할 것이다. 다음으로 현존의 국제무대는 스스로는 주권을 주장하지도 않고 외부 주장자의 갈등을 조절하거나 자기 결정권의 감각을 가진 사람들이 있는 경우 모두에서 중립화의 주제가 형성될 수도 있는 다수의 첨예한 분쟁 지역을 포함하고 있다. 카슈미르(Kashmir)와 가자 지구(Gaza Strip)가 이 문제를 잘 보여 주고 있다. 이런 양상의 변화는 중요한 도시가 경쟁하는 두 국가 간 갈등의 주요한 초점이 될 때 종종 일어난다. 중립화 혹은 국제화된 도시에 대한 발상은 최근에 예루살렘, 트리에스테(Trieste), 베를린을 연결하여 착안되었다. 마지막으로 세계에는 독립된 주권을 주장할 수 없고 국가 간의 경쟁을 배제하기 위해 중립화할 수 있는 다양한 공공시설과 자원도 존재한다. 예를 들어 주요한 국제 운하와 남극이 이 범주에 속할 것이다.

중립화의 정치적 실현 가능성

잠재적 주체의 결정권자가 순수하게 중립화의 욕구를 가졌는지, 주체의 국제적 위상에 대한 조정의 온전한 의미를 수용할 준비가 되어있는지 또 어떤 경우에 그 조정에 구체화된 의무를 수행할 능력이 있는지를 우선으로 고려하는 것이 중요하다. 그러한 의문들은 물론 중립화의 잠재적 주체가 순수한 독립성 혹은 실질적 독립을 보유하고 있을 때 온전한 관계성이 성립된다. 이것을 넘어서 관련된 외부 행위자에 대해 주어진 중립화 방안의 장단점에 관심을 가지는 수많은 문제가 있다. 또 이런 일련의 문제들은 실제 사례에서 특히 복잡성을 띠게 된다. 덧붙여 중립화의 실현 가능성은 일반적으로 국제정치의 존재 양상에 따른 타협의 사실상(de facto) 효과에 의존한다. 요약하면 중립화는 시작 단계에서 아마도 불투명하게 인식한 타협안에 특수하게 윤곽을 잡은 것 이상으로 행위자의 자세와 행동에 있어 많은 변화가 있음을 의미한다.

중립화를 통한 독일의 재통일

독일의 분단은 전후 국제정치에 있어 엄청난 영향력을 미치면서 해결이 어려운 문제 중 하나가 되었다. 독일의 재통일 방법으로 중립화를 공식적으로 논의한 적은 없었지만, 이는 독일의 지리적 상황과 경계 전략 균형 사이를 중요하게 연결하는 의미 있는 가능성이며 또 비공식적으로 비 관여의 개념을 초월한 논의에서 때때로 제안되었다.[1] 하지만 현재 독일의 중립화에 대한 결정적인 방해 요소가 있다.

대다수의 독일인이 국가의 재통일을 원하는 것은 의심할 여지가 없다. 그렇지만 그러한 욕구의 실제적 강도는 불투명하다. 독일인들이 국가의 재통일을 위해 무엇에 우선권을 두는지 그리고 재통일 성취를 위한 정치적 요건에 지불하고자 하는 대가는 무엇인지 의문이다. 그런 이유에서 독일 연방 공화국(FRG, 서독)이나 독일 민주 공화국(GDR, 동독) 모두 그들 자신의 정치적 정체성이나 유의한 지분을 희생의 대가로 재통일을 성취할 의사는 없는 것으로 보인다. 강제력이 없는 상태에서 독일은 상대방의 사회정치적 구조에 흔쾌히 동화될 수는 없을 것이다. 더구나 양방 모두 생존 보장에 대한 의구심을 품고 생존력이 결여된 연합체가 궁극적으로 비대칭성을 보유하고 이익 손실에 대한 공포감이 있기에 혼합된 정부 형태를 심각하게 고려하지 않을 것이다. 장기간의 부정적 결과에 대한 공포는 모든 의제가 시작부터 실패할 운명을 가진 상대방에 의해 제공된 정치적 통일을 얻기 위한 제안에 대해 양방 모두가 의심하도록 만든다.

덧붙여서 서독과 동독의 태도에는 모두 좀 더 특수한 양면성이 있다. 서독이 재통일에 대해 특별히 강한 의지가 있는 것으로 보인다고 해도, 그들의 이익을 위태롭게 하는 활동을 강력하게 회피하기

1 이 개념에 대한 추가 자료로는 Coral Bell, *Negotiation from Strength* (New York, 1963), 특히 제7장; Richard J. Barnet and Marcus Raskin, *After 20 Years: Alternatives to the Cold War in Europe* (New York, 1965), 제4장.

위하여 그리고 동독의 합류가 초기에 경제적 번영 측면에서 '확산' 효과가 있을 가능성을 넘어 관심을 유발하기 위해 그들의 장대한 전후 복구와 물질적 번영을 그들 스스로 사안에 매몰시키는 경향이 있다.[2] 또한 서독의 엘리트는 공산주의자들의 전복과 정부 타협안을 접수하기 위한 공격의 가능성과 마찬가지로 국가의 정당 구조에서 재통일의 잠재적 효과에 대해서도 주저하는 것처럼 보인다. 동독은 명확한 소수자의 입장에서 그들의 위상에 대한 정치적 그리고 사회적 원리가 손실되어 재통일이 아마도 사실상(de facto) 동독의 침몰을 의미할 것이라는 공포가 명백하게 있다. 더구나 최근의 지표상 동독 정부가 동독의 충성심을 북돋우는 데 성공하고 있는 것으로 나타나고 있으며, 일반적인 전망은 재통일에 대한 중요성과 긴급성에 대한 인식이 동독에서 감소하는 것을 암시한다. 1961년 베를린 위기 이래 동독의 현저한 경제발전이 그러한 결론을 뒷받침하고 있다.

동시에 주요 외부 세력이 독일의 재통일을 관찰하려는 순수한 욕구의 정도는 제한적일 것으로 보인다. 소련은 현재 독일 자신의 조건이 아닌 다른 조건을 통한 재통일에 대해 독일 영구 분단의 공식적 수용을 더 선호하는 점을 내비친다. 소련은 1958년 가을 이래 분단의 공식화를 지지해 왔다.[3] 이러한 입장의 배후에는 소련의

2 그러나 경제적 확산 효과는 1960년대 동독의 경제 활성화 때문에 그 중요성을 감소시키는 요인이 되었을 것이다.

3 전후 초기에 소련은 독일의 재통일을 지지하였다. 실제로 소련 지도자들은 여러 차례 독일의 중립화 방안에 대해 긍정적으로 심사숙고했다. 그러나 서독(FRG)의 국력이 강화됨에 따라 소련은 독일의 공식적이고 영구적인 분단을 지지하는 쪽으로 차츰차츰 정책

안보 이익에 대한 위협으로서 통일 독일에 대한 진정한 공포와 유럽 대륙의 최대 강대국으로서 통일 독일에 대해 소련의 이익충돌 지역에서 주요한 정치적 경쟁자가 될 것이라는 사실적 관심이 가로놓여 있다. 따라서 유럽 대륙에서 소련 안보의 공식적 보루로서 동독을 유지하려는 소련의 강력한 노력이 지속되어야 한다.[4] 또 급변하는 동유럽의 정치적 지형과 연결되는 확실한 불안이 있다. 통일 독일이 소련의 안보에 위협이 되는 것으로 보는 경향처럼 폴란드나 체코슬로바키아와 같은 서유럽으로부터의 유사한 압력도 역시 소련이 꺼리는 불편한 점이다.

서유럽 세력이 독일 재통일 목표를 명확하게 보장했다고 해도 또 서독이 그의 입장에 따라 적어도 나토에 부분적으로 편입되었다고 해도 아직 독일 재통일을 향한 서유럽의 입장에는 양면성이 있다. 아마도 프랑스의 경우가 가장 확실한 사례이며 유럽 대륙에서 가장 큰 정치적 영향력의 역할을 위해 독일의 통일은 주요 대안이 된다. 통일된 독일은 사실상 인구, 산업 생산능력, 경제 총량 그리고 군사적 잠재력 면에서 프랑스를 능가할 것이다. 덧붙여 독일의 역동적인 경제적 지위가 경제적 동반자로서 프랑스 이외의 다른 나라들을 더욱 매력 있게 만드는 한편 독일의 전략적 지정학적 위치는 유럽에서

을 전환해 왔다. 의심할 여지 없이 독일 재통일에 대한 주도권이 서독으로 이동하는 것에 대해 공포감이 있는 것이다.

4 예를 들면 주동독소련군(GSFG)에는 아직도 20개의 사단(division)이 있다. 덧붙여 동독의 6개 사단은 명확하게 주동독소련군 사령부의 지휘하에 있다. 좀 더 상세한 설명은 *The Miliary Balance, 1967-1968* (London, 1967).

영향력 측면에서 더 높아지는 경향이 있을 것이다.

또한 미국과 영국도 통일된 독일의 전망에 관심을 가질 이유가 충분하다. 미국은 독일의 재통일에 대한 한결같은 지지를 보내는 한편, 미국의 의사결정권자들은 통일 독일의 가능한 정치적 위상에 의문을 가지면서 항상 당황스러운 공포감을 보여 주었고 독일이 국제 평화와 안보를 다시 위태롭게 할 가능성에 대한 근심이 남아 있었다. 더 확실하게 동독과 서독 사이의 총체적 전략적 균형에 대한 뿌리 깊은 미국의 관심은 독일에 대한 비 관여 혹은 중립화를 통한 독일 재통일의 다양한 지정학적 결과와 결부되어 있고, 그러한 해결책에 따른 제안에 대해 미국 내에는 강력한 부정적 반응이 팽배해 있다. 그런 해결책에 따른 독일 재통일은 나토 동맹에 대한 결정적 타격이 될 것이며, 국제 체제에 비대칭성을 초래하고, 전략적 균형에서 서방을 약화시킬 것이다.[5] 이런 상황에서 외부 세력으로부터 최상의 호감이 있었다 해도 독일 재통일에 대한 구두 지지의 진정한 의미는 모호할 뿐만 아니라 또 솔직하지도 않은 것이다.

독일 중립화는 다양한 국가들이 수용을 꺼리는 국제정치 현안의 발생 양상에도 주요한 변화를 명확히 필요로 한다. 통일되고 중립화

---

5 이 지역에서 가장 자주 언급된 사항은 재래식 병력 수준에 관한 문제다. 중립화를 통한 독일의 재통일은 아마도 대륙으로부터 재래식 미군 병력의 대대적 철군이 필요한 반면, 단지 바르샤바 조약군이 동유럽으로 철군하는 것만 요구할 것이다. 그렇지만 최근 다수의 진전은 재래식 병력 수준에서 이러한 비대칭적 결과에 대한 공포를 경감시켰다. 공군 전력의 급속한 증가, 소련 위협의 중요성에 대한 눈에 띄는 감소, 미 재래식 병력의 대륙 주둔 유지에 대한 정치적 저항의 증대, 세계 다른 지역에 미 재래식 병력 배치의 집착, 동유럽 국가들과 소련 사이의 관계 변화 등의 진전에 따른 변화 조짐들이다.

된 독일은 아마도 동독과 서독이 현재 가입하고 있는 안보 조약과 경제 연합에서 모두 탈퇴해야 할 것이다. 탈퇴는 실제로 현재 구성되어 있는 나토와 바르샤바 조약 동맹의 종말과 동서 관계의 비대칭적 효과를 감지함에 따라 유럽 안보의 불확실성을 야기할 수 있는 결과를 의미한다. 아마도 정치적으로 훨씬 더 중요한 의미를 가지는 것은 독일의 중립화가 실제로 동독의 코메콘(Comecon, 경제상호원조회의)의 탈퇴와 서독이 현재 참여하고 있는 공동시장(Common Market)과 기타 서유럽 단위의 다른 기구들로부터 탈퇴를 요구할 수도 있다는 사실이다. 그러한 탈퇴는 양분된 유럽에서 양쪽 모두의 통합을 향한 현재의 활동을 지연시킬 것이다. 이와 같은 현상이 유럽 통합의 대안과 더 나가서 포괄적 통합 방식이 궁극적으로 도출될 수 없다는 것을 말하는 것은 아니다. 그렇지만 현재 유럽 정치 지형의 급격한 붕괴는 필연적으로 강력한 정치적 저항에 부딪힐 것이고 책무와 기관의 기존 양상에 의해 부과된 경직성에 대한 반대에 직면할 것이다.

장기적 전망에서 보면 독일의 중립화를 통한 재통일은 국제정치에 있어 깊이 있는 효과를 발휘할 것이다. 부분적 손실을 감안해도 훨씬 더 포괄적인 유럽 통합의 양상이 창출될 것이다. 유럽 대륙의 새로운 정치 지형에서 문제점의 발전을 다루기 위한 조정으로부터 더 막대한 노력을 도출해 내기 위해서는 초능력이 필요할 것이다. 혹은 프랑스가 현재 혹은 명시적인 시기에 확고히 존재하는 한 새로운 독일이 또다시 점증하는 민족주의적 혹은 국수주의적 세력이 될 수도 있다. 요약하면 새롭고 원대한 발전의 광대한 범위가 가능하다. 그렇지만 독일의 재통일이 성공하는 한 새로운 독일은 중앙유럽에서

최강국으로 부상하고, 따라서 미래 유럽 대륙의 열쇠가 될 것이 거의 확실하다. 국제정치에 참여하는 독일의 능력과 자유에 대한 공식적 특성에 엄청난 제한이 있어도 이것은 좋은 사례가 될 것이다.[6] 독일 재통일의 원대한 의미는 현재 중립화를 통한 재통일에 대한 의심과 반대를 확실하게 완화시킬 수 있을 것이다.

아마도 이 논의로부터 도출할 수 있는 가장 중요한 결론은 독일이 단순히 중립화되는 것이 너무 중요하다는 것이다. 중립화는 그 나라의 중립화가 국제정치의 기존 양상을 변경하거나 봉쇄하는 데 심각하게 영향을 미치지 않는 작은 국가를 위한 작업일 수 있다.[7] 그러나 필수적으로 변경되지 않은 국제 지역을 포함한 특별한 문제에 대해 임시적(ad hoc) 해결 방안보다는 주요 국가들의 중립화가 국제정치의 근본적 변화를 포괄하기 쉽다.

경쟁적 개입의 방지 – 가자 지구(The Gaza Strip)

분쟁 지역에서 외부 세력에 의한 경쟁적이고 강압적인 개입을 방지하기 위한 중립화의 효율화에 있어 가장 근본적인 난점은 사전(prior) 확인과 행동의 필요다. 그러나 외부 세력에 의한 사전 개입이

---

6 예를 들면 1919년 베르사유 조약에서처럼 독일의 총 군병력에 대한 제한이 공식적으로 가능할 수 있고, 1954년 파리 합의(Accords of Paris)에서 했던 것처럼 독일이 비핵국가로 남을 것을 요구할 수도 있다.

7 적어도 한국이 이런 범주에 속한다고 상상할 수 있다.

특별하게 중요한 것으로 간주되지 않을 수도 있다. 실제로 위험한 진전이 발생하기 전 상황에 관한 위기감은 때로 난점을 제공하기도 한다. 덧붙여 잠재적 개입자는 주어진 지역의 사전 상황에서 미래 개입으로부터 얻는 전망을 포기하는 것을 원하지 않을 것이다.

예방적 중립화의 전망에서 시나이 사막과 지중해 사이에 위치한 작은 영토이며 팔레스타인 난민들이 주로 거주하고 있는 가자 지구는 주목할 만한 관심의 대상이다. 1957년부터 1967년까지 가자 지구는 심지어 정상적으로 아랍연합공화국(UAR, United Arab Republic)의 통치에 있었음에도 불구하고 전적으로 실용적 목적에서 중립화 지역이었다.[8] 유엔비상군(UNEF, United Nations Emergency Force)이 이 지역에 배치되었고 유엔이 가자 지구 난민의 운명에 지속 관여하였기에 그러한 상황이 가능하였다.[9] 10년 동안 이 기구에 의한 가자 지구 문제 해결 방안의 상대적 성공은 그러한 비독립 지역 중립화의 잠재적 가치를 보여 준다. 그렇지만 이 사례에 대한 기타 다수의 전망도 역시 본 주제의 논의에서 강조할 만하다. 1957년 이래로 가자 지구의 사실상(de facto) 중립화가 예방 기능으로 작용하였지만 주요 적대행위의 여파가 있었기 때문에 간신히 성취되었고, 정치적으로 그렇게 할 수밖에 없는 주요한 대립의 여파 가운데 해결 방안은 간신히 이루어졌다. 더욱이 가자 지구에 대한 해결 방안은 1967년

---

8 1956년 10월과 11월 위기 이후 그 여파에 대한 해결 방안의 생성 과정에 대한 자료는 Gabriella Rosner, *The United Nations Emergency Force* (New York, 1963).

9 Hamilton Fish Armstrong, "U.N. Experience in Gaza," *Foreign Affairs* XXXV (July 1957): 600-619.

이스라엘과 아랍연합공화국 사이의 주요 지분에 대한 더 많은 대립 때문에 더 이상 지속하기 어려운 것으로 증명되었다. 따라서 가자 지구가 미래에 재 중립화될 것이라는 예측이 가능한 반면, 아랍과 이스라엘의 폭넓은 갈등에서 그러한 활동이 원대한 효과를 가져올 것으로 가정하는 것은 중대한 오류가 될 것이다.

1957년에서 1967년 사이에 가자 지구의 사실상 중립화를 가능하게 했던 주요인은 그 지역이 자체의 집단적 정치적 의지가 없었다는 사실이다.[10] 따라서 특정 지역 내부의 정치적 상황은 중립화에 대한 중요한 장벽이 아니었다. 다른 여러 지역적 요인 또한 가자 지구에서 중립화가 실현 가능한 해결 방안이 되는 데 많은 도움을 주었다. 가자 지구는 이스라엘과 아랍연합공화국 사이에서 유엔비상군에 의한 효율적 분리가 충분히 가능한 소규모 지역이었다. 그 결과 고도로 명확한 경우를 제외하고 간접적 기반에서조차도 이 국가들이 모두 합의 사항을 위반하기는 용이하지 않았다. 덧붙여 가자 지구에서 아카바(Aqaba)만까지, 이스라엘과 아랍연합공화국 사이에 국경선을 따라 유엔비상군 파견단이 주둔함에 따라 사실상 중립화를 위태롭게 할 수도 있는 특성에 혼란을 줄 수 있는 돌발성 행동을 감소시켰다.

그렇지만 아마도 가자 지구의 중립화가 성공할 수 있는 가장

---

10 때때로 가자 지구는 아랍 사령부와 팔레스타인해방전선(PAL)의 기구 활동의 기지로 사용되었다. 그렇지만 가자 지구 자체에 대한 통치권과 기구의 활동에 대해서는 어떤 문제도 없었다.

결정적인 요인은 이전에 이 지역을 위험한 분쟁의 대상으로 만들었던 외부 당사자들인 이스라엘과 아랍연합공화국의 암묵적 승인이었다. 심지어 1967년 위기 이전에도 아랍 · 이스라엘 분쟁이 상존하고 있었다는 사실은 가자 지구를 위한 협정의 실행 가능성이 결코 단순히 수용될 수 없었다는 사실을 의미한다. 그럼에도 불구하고 1957년에서 1967년 기간의 협정을 지지하는 데 있어 압력을 가한 몇 가지 요인들이 있었다. 첫째로 제시된 대안은 양방 모두의 욕구를 충족시킬 수 없는 것처럼 보였다. 이스라엘 입장에서 사실상 중립화 방안은 이스라엘에 대해 대단히 부정적 결과를 초래할 것으로 보이는 제안이지만, 그럼에도 불구하고 가자 지구에 대한 아랍연합공화국의 노골적인 통제나 공격적 군사작전에 대한 유일한 실질적 대안이었다. 아랍연합공화국의 입장에서도 그러한 처리 방식은 아랍연합공화국 영토에 대한 이스라엘의 대규모 공격의 전망을 급격하게 증가시키는 주요 대안에 해당하였다. 그리고 가자 지구에 정착하지 못하는 난민들이 계속해서 존재하는 것은 아랍 · 이스라엘 분쟁에서 이집트의 지도력을 유지하는 데 약간의 가치를 부여하였다. 둘째로 사실상 중립화 방안이 항상 일시적 그리고 비영구적을 의미했기 때문에 양방은 모두 임시적 승인을 합리화하고 좀 더 영구적인 해결 방안에 도달하라는 압력을 회피할 수 있었다. 셋째로 이 지역 이외의 외부 세력, 특히 미국과 영국은 양국 모두가 해결 방안을 수락하도록 계속해서 의미심장한 압력을 가하였다. 이러한 압력은 좀 더 부정적인 제재는 물론 침략의 희생이 되는 어떤 지역 세력을 지지하는 전망을 포괄하도록 폭넓은 신뢰를 받게 되었다. 넷째로 1957년에서 1967년 사이 이 지역의 기존 해결 방안에 대한 심각한 방해는 유엔의 존재 의미를 훼손하는 듯한 결과를 초래하였다. 그리고 이 지역에서 유엔 비상군 위상에 대한 법률적 모호성에도 불구하고[11] 이스라엘이나 아랍연합공화국 모두 심각하게 국제적으로 부정적 반응이 없는 부대 철수에 대한 희망은 가질 수가 없었다.

심지어 가자 지구의 사실상 중립화가 이 지역에서 다양한 행위자의 장려책에서 근본적 변화를 필요로 하지 않는다고 해도 중동의 국제정치 양상을 위한 엄청난 중요성을 가지고 있다. 그런 점에서 이 해결 방안은 아랍 지역에서 이집트의 주도권에 대한 부분적인 장애가 되었다. 아랍연합공화국이 아랍 국가들 사이에서 영향력을 확대하는 가장 효과적인 방법은 이스라엘과 갈등에 대해 좀 더 능동적으로 행동하는 것이다. 그러므로 가자 지구 해결 방안이 아랍연합공화국과 이스라엘의 대치 상황에 제한이 되는 한 아랍 영향권 내에서 이집트의 지도적 역할 또한 억제되는 경향이 있을 것이다. 이러한 상황을 넘어서 가자 지구 해결 방안은 중동에 있어서 국제관계를 냉각시키는 경향을 보일 것이고, 따라서 이 지역에서 궁극적으로 국제정치의 새롭고 좀 더 생존 가능한 양상을 생산할 수 있는 획기적인 변화가 방해를 받을 것이다. 물론 여기서 문제점은 더 광범위한 변화가 지역적 규모에서 의심할 여지 없이 상당한 불법이 자행되도록

---

11 이 주제에 대해서는 Rosner, 앞의 책, 제3장; "Report of the Secretary-General on the Withdrawal of the United Nations Emergency Force (UNEF)," *UN Monthly Chronicle* IV, no. 7 (July 1967): 135-170.

허용되었을 것이고 좀 더 실행이 가능한 관계 양상이 나타나기도 전에 강대국들을 위험한 사업에 휘말리게 했을 것이라는 점이다. 그럼에도 불구하고 1957년에서 1967년까지 가자 지구의 사실상 중립화의 냉각 효과는 안전한 장기적 해결 방안이라기보다는 가치 있고 합당한 것이라 할지라도 임시적인 것으로 치부된다.

경쟁적 개입의 종결 — 남베트남

여러 외국의 광범위한 개입을 경험한 지역에서 명시적 적대성의 종결을 위해서는 두 가지 기본적인 필수 전제 조건이 있다. 교착 상태에 접근하는 주요 참가국들이 분쟁에 대하여 인지해야 하고 상황에 대한 물리적 능력은 물론 지속적인 해결책을 제시하여야 한다. 적이도 만약 참가국들이 교착 상태가 발생하는 것을 관찰하지 못한다면[12] 누군가는 지루한 지연이나 과도한 대가가 없는 명확한 승리를 계속하여 추구할 것이다. 반면에 해결책에 대한 날카로운 비대칭성은 중립화의 개념과 관련성이 없는 것으로 만드는 충분히 결정적인 물리적 진전의 전주곡이 될 것이다. 현재 남베트남의 분쟁에서 이러한 기본적 전제 조건들이 존재하고 있거나 존재하게 될

---

12 어느 쪽도 손해 없이 행동할 수 있는 공식적 인식으로서 교착 상태가 요구되는 것은 아니다. 만일 양쪽 모두가 대가를 지불하면서 지연 작전을 쓰지 않고 애매한 분쟁으로 의미 있는 승리가 불가능하다고 확신한다면 애매한 교착 상태가 지속될 것이다.

것이다. 그러나 분쟁은 기본적 전제 조건들의 기초가 되는 복합성과 모호성을 잘 설명해 주고 있다.[13]

남베트남 자체가 근본적으로 정치적 그리고 사회적 분열 상태에 있다는 사실은 중립화 방안의 실현 가능성에 회의를 던져준다. 사이공 정권과 민족해방전선(NLF) 양쪽 모두 정확하게 측정은 불가능하지만 각각의 외부 지원자들의 영향력 아래 있다. 따라서 그들은 중립화의 전망을 향한 발전적 태도에서 전적으로 자유로운 대리인들은 아니다. 더군다나 사이공 정권과 민족해방전선이 중립화를 매력적인 전망으로 간주하는지, 그래서 그러한 해결 방안에 흔쾌하게 협력할 것인지 어떤 경우라도 명확한 것은 없다. 무엇보다도 남베트남에서 외부 세력이 철수한 후에 어떤 집단이나 연합이 정치적인 면에서 우위를 차지할 것인지 분명하지 않다.[14] 아마도 언젠가는 사회적 갈등이 발생하여 지속될 것이다. 그리고 궁극적 승자는 사이공 정권이거나 민족해방전선을 막론하고 현재 사회적 정치적 구조의 측면에서 인식하기가 어려울 것이다. 또한 현재 사이공 정권이나 민족해방전선으로는 거의 대표할 수 없는 남베트남 내부의 다양한 사회적 및 민족적 집단의 중립화 문제에 대한 정서를 측정하기 어렵다. 마지막으로 남베트남의 실행 가능한 정치구조의 심각한 부재 상황은 그 자체만으로도 공식 발표된 의도와 상관없이 중립화 방안에

13 예멘의 사례는 현재 시점에서 이 문제점의 내용을 잘 설명해 준다.

14 또한 외부 세력의 입장에서 철수의 다양한 형태와 정도가 가능하다는 점에 주목하는 것이 중요하다. 한 국가나 여러 국가의 전적인 철수의 실패는, 특히 그러한 실패가 명확히 비대칭적일 경우, 국제정치적 균형에 중요한 영향을 미친다.

대한 난해한 문제를 일으킬 것이다. 새로운 내부 혼란은 외국의 간섭을 조장하고, 개입의 기회를 야기하며, 간접적 개입의 다양한 형태는 예측이 불투명하게 실행될 수 있는 상황을 제공하기 쉽다.

그럼에도 불구하고 남베트남의 내부 상황은 중립화에 기반한 해결 방안에 대한 정확한 이름을 붙이기 어렵게 한다. 중립화가 남베트남 내부의 정치적 갈등에 대해 결정적 혹은 즉각적 안정을 요구할 수 없다는 바로 그 사실은 국내 모든 주요 정파에게 간절한 호소가 될 것이다. 실제로 중립화는 상투적인 투쟁의 연속에 대해 다소 덜 위험한 체제를 제공할 것이다.[15] 더구나 외세에 의해 갱신된 개입의 유사성은 남베트남의 내부 상황에 덧붙여 다른 요인들에 의존한다. 그러한 요인들은 철수 개시의 정확한 특성, 정치적 재개입 외부 세력에 대한 대가의 인식 그리고 중립화 방안 유지를 돕기 위해 설립된 통제 기구의 특성을 포괄한다.

그렇지만 중립화를 통한 남베트남 외부 세력의 개입 종결 실현 가능성을 분석하는 데 있어 가장 중요한 요인은 관련 외부 세력이 그러한 해결 방안에 흔쾌히 동의하는 것이다. 가장 중요한 두 국가인 미국과 베트남민주공화국(Democratic Republic of Vietnam, DRV)의 교착 상태 인식과 해결책 지속성이라는 쌍둥이 조건에 대한 입장이 명확하지 않다. 어떤 외부 세력도 내부 동맹을 완전히 통제할 수

15 중립화는 어떤 방법이라도 토착적 분쟁의 지속을 방지하지는 못한다. 남베트남에서는 베트남민주공화국의 강압으로 통일이 일어나지 않는 한 남베트남의 북쪽과의 현실적 통일은 방해받지 않을 것이다.

없다는 사실에 덧붙여서[16] 다수의 주요 요인은 그러한 조정에 대한 공감을 약화시킨다. 주요 비대칭 이득에 대한 지속적인 희망도 있다. 즉, 중대한 쟁점 사안에 대한 주요 정파들의 평가에 있어 거의 매일매일의 변동과 베트남 전쟁에서 이념적 고려와 물리적, 인적 자원의 과거 비용의 대가로 획득한 승리에 대한 절실한 책무의 비중이다.

그러나 중립화의 기본적 전제 조건을 향한 주요 외세들을 압박하는 베트남 상황에는 중요한 요인들이 있다. 주요 적대행위의 끊임없는 지속은 다수의 이러한 요인을 고조시키는 것처럼 보인다. 첫째로 당면한 연속적 확대 선택권이 있고 현재에 그런 증거가 있는 한 주요 개입자들이 전쟁의 결정적 임의적 비대칭 결과를 기꺼이 허용한다는 사소한 지표들이 있다. 이런 이유로 남베트남에서 대체로 정확한 세력 균형이 매일매일의 수준에서 고려할 만한 변화가 계속된다고 해도 일종의 우발적 교착 상태가 발생할 수 있다. 둘째로, 첫 번째 요인과 연결되어 있는데, 남베트남에서 적대감의 지속과 상승은 고도로 위험하고 아마도 통제 불가능한 점차적 연속 국면이 베트남전에 의해 촉발될 수 있었다는 기존의 상당한 공포를 증가시키는 경향이 있을 것이다. 아마도 다양한 외부 세력은 이러한 공포에 대해 여러 측면에서 영향받기 쉬울 것이다. 미국과 소련은 가장 큰 파괴력을 지닌 군대를 보유하고 있으며 군사적 파괴로 잃을 것도 대규모가

---

16 이런 종류의 관계성을 정확하게 정의하는 것은 어렵다. 그렇지만 남베트남에서 미국과 베트남민주공화국이 그들 지역의 고객들에게 상징적으로 실행한다는 사실은 외부 세력의 실권을 넘어선 사이공 정권과 민족해방전선(NLF) 모두에게 의미가 있다.

예상되기에 의심할 여지 없이 민감할 수밖에 없다. 그럼에도 불구하고 베트남민주공화국(월맹)과 중국은 그러한 전망을 무시할 수가 없다. 셋째로 단순히 경제적 비용 차원에서도 전쟁은 이제 다양한 외부 세력 내에서 중단을 요구하는 만만찮은 유인책을 야기하고 있다. 더구나 이 문제를 기회비용의 관점에서 전망하면, 인적 및 정치적 비용을 직접적 경제 비용에 추가할 때 전쟁을 계속하는 데 따른 불이익은 하나의 주요한 요인이 된다. 이 요인의 영향은 또한 의심할 여지 없이 비대칭적이다. 외부 세력 중 미국과 베트남민주공화국이 전쟁 비용을 가장 많이 사용할 것으로 보인다. 더군다나 현재의 분쟁 상태를 감안할 때 전쟁은 중국에게는 미국의 자원을 비교적 저렴한 방법으로 묶어두는 방법으로, 미래에 그러한 까다로운 지역 상황에 참가할 미국을 약화시킬 것으로 그리고 세계의 여론에서 미국의 대외 정책 신용도를 추락시킬 것으로 보일지도 모른다. 넷째로 중립화 방안은 모든 잠재적 관련 외세들의 참여를 배제하고 남베트남을 구성하는 것이 가능하다. 동남아시아의 미래 세력 균형에 영향을 미치는 방법으로 남베트남의 중립화에 동의하는 외부 세력들에게는 매력적인 유인책이 될 것이다. 미국과 베트남민주공화국의 동의 없이는 중립화가 성공할 수 없으리라는 점은 명확하지만 중국의 동의가 필요하다는 점은 불명확하다. 이와 관련하여 동남아에서 중국의 미래 확장에 대한 장벽을 만들기 위한 욕구와 또 이 지역에서 좀 더 실행 가능한 세력 균형을 개발하려는 지속적 관심에 기반한 미국-베트남민주공화국-소련의 합의로 남베트남의 중립화가 결과적으로 나타날 수 있다는 점은 적어도 상상해 볼 수 있다.

또한 중립화 방안을 통해 남베트남에서 외부 개입을 종결하려는 합의는 이 지역 국제정치의 기존 및 새로운 양상에 관해 몇 가지 중요한 의문점을 제기한다. 흥미롭게도 남베트남의 중립화는 현존하는 공식 기구의 방안에 엄청난 변화를 요구하지는 않을 것이다.[17] 심지어는 남베트남이 현재 유엔의 회원국도 아니기 때문에 중립화 지위와 유엔 회원권의 양립성 문제에조차도 아무런 문제가 발생하지 않을 것이다.[18]

그렇지만 이런 문제를 떠나서 그러한 중립화 방안과 국제정치의 주변 양상 사이에는 여러 가지 중요한 문제점들이 연결되어 있다. 첫째로 관련된 외국 군대의 이동 문제는 심각한 난제를 던져 준다. 예를 들면 미군의 남베트남 철수는 광범위하면서 장기간을 요구하는 작업이 될 것이다. 더군다나 관련된 외국 역시 태국이나 라오스 같은 이웃 지역으로부터 철수해야 한다면 다수의 연계된 문제들이 발생할 것이다. 이런 종류의 대책들은 강제로 요구할 수가 없다. 그리고 그들은 미국의 정책 결정권자들이 아마도 남베트남의 중립화 방안이 차후에 폐기되는 사건에서 그러한 해결 방안을 베트남민주공화국보다도 미국에 대한 좀 더 큰 제한으로 인식할 것이기 때문에 다양한 국가들의 이익에서 비대칭 효과에 대한 문제를 제기할 것이다.[19] 둘째로 인도차이나 기존의 정치구조를 감안하면 지역의 정치적

---

17 남베트남은 어떠한 다자 안보 체제에도 소속되어 있지 않다. 요구되는 유일한 공식적 변화는 미국과 베트남공화국 사이의 안보 공약을 폐기하는 것이다.

18 중립국의 유엔 회원권 문제에 대한 논의는 이 책, 제3장, 77쪽.

19 이 문제에 대해서 미국의 정책 결정권자들이 과대평가할 가능성이 크다. 간접적 위

실행 불가능성의 문제와 간접 침략 행위는 아마도 남베트남의 중립화 방안을 유지하려는 가능성을 심하게 훼손할 것이다. 요약하면 중립화 지역에서 비밀 개입의 출발점이 되는 타국의 의심스러운 내부 실행 가능성으로 포위된 고립 지역의 중립화 유지는 명확하지 않다. 셋째로 실행 가능성이 있는 경우라 할지라도 중립화는 남베트남에 필수적일 것으로 예상되는 대규모 경제원조를 확보하기 위해 심각한 문제들이 발생할 것이다. 남베트남에서 내부 정치적 분쟁이 여전히 지속되고 있는 한 내부 경쟁 당사자가 당국들을 통제하는 데는 난점이 있다. 그리고 어떤 경우라도 외국의 원조는 항상 국내 정치 상황에 의해 왜곡될 수 있는 위험을 내포하고 있다. 그렇지만 만약 남베트남 국내 정치 상황이 안정화되어 있다면 이러한 경제원조의 문제는 관련된 모든 외국을 망라한 국제 대표단이나 국제 컨소시엄의 어떤 형태를 통하여 모든 원조를 연결하여 조절할 수 있다.

경쟁적 개입의 변형 — 라오스

중립화는 또한 모든 개입을 종결하지 않으면서 외국에 의한 경쟁적 개입의 수준과 효과를 변형시키는 작용을 할 수도 있다. 그렇지만

반의 경우 미국의 손해가 발생할 수 있다. 그렇지만 남베트남에서 주요한 역할을 수행함에 있어 베트남민주공화국보다 미국의 손해가 더 클 것이라는 생각은 의문의 여지가 있다. 이 문제에 관한 흥미로운 논평은 Albert Wohlstetter, "Illusions of Distance," *Foreign Affairs* XLVI, no. 2 (January 1968): 242-255.

중립화 방안으로 중간 목표와 협상이 신중하게 성사될 가능성은 희박하다. 개입의 방지와 종결은 모두 개입의 관점 중 하나 그 이상을 통합하기 때문에 개념상 명확하다. 반면에 변형의 개념은 모호한 구별을 수반하고 정의를 내리는 데 극단적 난점이 있다. 이런 이유로, 특히 무한한 규모의 개입이 진행되는 것으로 규정할 수 있는 상황에서 그런 점에 대해 신중하게 협상하기는 대단히 난감하다. 그렇지만 중립화 위반의 결과가 문제를 야기하는 상황이 그렇게 흔하지 않기 때문에 경쟁적 개입의 변형은 원천적으로 개입의 방지와 종결을 위해 단지 부분적으로 협상에 성공한 중립화의 실질적 결과로 흔히 나타난다. 참여자들이 중립화 방안에 대해 심각하게 위반했을 경우조차도 총체적으로 중립화가 이익이라는 관점을 유지하는 것이 통상적으로 가능성이 있는 일이다. 이와 관련하여 결정적인 특징은 중립화 방안이 통째로 폐기되는 것보다는 덜 심각하다는 의미에서 위반이 발생한 최소의 수준, 즉 문턱 수준(threshold level)에 관심을 가진다는 것이다.

라오스의 사례는 앞의 결론에 대한 훌륭한 설명으로 간주된다. 라오스는 1962년 그 당시의 실질적 개입을 종결하도록 설계된 제네바 협정에 따라 공식적으로 중립화가 수립되었다.[20] 협정문에는 비교적 광범위한 조절 조항이 포함되어 있지만 결코 완전하게 수행되

20 이 합의가 성사된 방안의 환경, 합의 문서와 자문에 대한 좋은 논의는 George Modelski, "International Conference to the Settlement of the Laotian Question, 1961-1962" (Canberra, 1962).

지는 못했는데, 다양한 원인에 따른 외부 개입의 개입으로 위반 상황이 발생했기 때문이다. 그럼에도 불구하고 1962년 합의는 균형의 차원에서 라오스의 차후 발전을 위해 괄목할 만한 효과를 보았고 주요 외세들도 상당한 가치가 있다는 관점을 지속하였다.[21]

동시에 작동된 다수의 요인은 라오스의 중립화에 따라 특수하게 혼합된 결과를 도출하였다. 중립화 방안의 성공을 가로막는 요인 가운데 두 가지가 눈에 띈다. 국가의 최고위층은 1962년 협정 이후에 실행 가능한 중앙정부의 발전을 계승하지 않았다. 1962년 말에서 1963년 사이에 경쟁 파벌 간의 적대감이 상당한 비율로 재개되었고 국가는 정부의 목적을 위하여 지리적 기반에서 효율적으로 분할하였다. 따라서 외부 세력들은 그들이 지원하는 정파들에 의해 조절되는 국토 일부분에 비교적 용이하게 개입할 수 있었다. 덧붙여 베트남 전쟁의 확대는 라오스 개입의 어떤 유형을 부추기는 경향이 있다. 라오스 영토를 보급 작전에 활용하기 위한 유인책이 존재하고 다양한 부대가 라오스 영토를 성역으로 이용한다. 이러한 활동들은 자연스럽게 역 개입에 대한 유인책을 촉진한다. 더욱이 베트남의 주 전쟁과 동시 발발에 의한 상황은 주변의 관심 집중을 배제하면서 외부 세력의 라오스 개입을 용이하게 하는 경향이 있다.

중립화 방안이 통째로 무의미하게 되는 것을 방지한 라오스의

---

21 이 문제에 대한 추가 자료는 필자들의 자료, "Neutralization in Southeast Asia: Problems and Prospects," United States Senate, *A Study Prepared at the Request of the Committee on Foreign Relations* (Washington, D.C., October 10, 1966), Appendix C.

상황에는 또한 여러 요인이 존재한다. 첫째로 효율적인 물리적 국토 분할은 국토의 일부에 제한된 외세의 개입이 국가의 미래를 전적으로 결정하는 것은 아니라는 것을 의미한다. 분할의 상대적 명확성은 국토의 다양한 지역에서 개입을 용이하게 하는 경우에조차도 외부 개입의 영향을 확산시키는 데 장벽으로 작용하는 경향이 있다. 둘째로 미국과 소련은 모두 라오스에 대한 제한된 개입에 지속 관심을 가지는 한편 통제의 자세를 유지하면서 상호보완적 이익을 가진다. 이러한 이익들은 혼란한 지역 상황에서 확장된 책무를 회피하고, 라오스에서 과도한 상호 개입의 점차적 잠재력을 최소화하며, 이 지역에서 중국의 영향력 확대의 서곡에 대한 협력과 기타 다른 지역에서 소련-미국 긴장 완화(Soviet-American detente)에 기초한 정책을 계속하려는 욕구에 기반을 둔다.[22] 셋째로 베트남에서의 전쟁이 외부 세력의 라오스 개입에 대한 의미 있는 기회를 제공했다 할지라도 베트남에서의 행동이 전개되고 있는 동안 라오스는 개입을 정지하고 싶은 열망이 또한 형성되었다. 요약하면 어느 쪽도 현재의 폭력 수준에서 베트남 전쟁이 인도차이나 전체로 확산될 전망에 대한 준비에 대해서는 대책이 없었다. 넷째로 국제 조절 기구의 존재는 라오스의 사태에 쏟아지는 국제적 관심과 함께 때때로 제한된 이 양상을 지지하는 작용을 한다. 비록 이 요인이 확실히 지나치게 강조되지 않았다 할지라도 라오스에서의 진전에 대한 국제사회의

22 미국과 소련의 이익에 관해 추가로 확장된 논의는 Oran R. Young, "Political Discontinuities in the International System," *World Politics* XX, no. 3 (April 1968): 369-392.

비교적 높은 수준의 관심이 있다는 사실은 적어도 외부 개입의 가장 명확한 유형을 억제하는 경향을 강하게 보여 준다.

분쟁의 제거 — 우주 공간

중립화의 또 다른 기능은 다른 국가를 정의하기 위해 확장된 경쟁적 이해를 가진 한 국가의 일부분에 대한 합의와 경쟁적 관계의 경계 밖으로서 이익의 목적을 포괄한다. 이런 환경에서 중립화의 목적은 다른 문제를 둘러싸고 진행 중인 경쟁의 본질에 실질적인 영향을 미치지 않으면서 경쟁적 관계 범위의 경계를 정하는 것이다. 중립화의 이러한 개념은 벨기에와 같은 어떤 작은 나라를 강대국의 상호작용의 영역에서 제외하는 19세기의 관행과 유사하다.[23] 당시 중립화를 통한 분쟁의 제거 대상은 우주 공간, 남극 그리고 다양한 서비스 설비와 같은 비국가적 실체와 관련이 있었다. 중립화라는 공식 용어를 사용하지는 않았지만, 1959년 남극 조약과[24] 1966년 우주 탐사 조약은[25] 중립화에 근접하는 방안을 제시하였다.

우주 조약은 중립화를 통한 분쟁의 제거를 당시 세계의 흥미로운

---

23 벨기에 사례에 대한 논의는 이 책, 제2장, 49쪽.

24 조약문서에 관해서는 United States Department of State, *The Conference on Antarctica: Conference Documents, The Antarctic Treaty, and Related Papers,* Department of State Publication No. 7060 (Washington, D.C., 1960).

25 이 조약의 문서는 *New York Times* (December 9, 1966), 18.

가능성으로 만드는 다수의 요인에 대해 특별히 명확한 설명을 제공하였다. 우주 무대의 신선함은 우주 공간을 중립화의 바람직한 후보로 만드는 경향이 있었다. 예를 들면 공간의 배치에 영향을 미치는 분쟁, 경쟁적 행위, 기득권, 경직된 자세의 긴 역사는 더 이상 없다. 덧붙여 우주 공간은 국제정치의 중요한 무대로부터 비교적 분리가 용이한 고려할 만한 중요성을 가진 영역의 아주 적절한 사례이다. 이러한 분리성은 우주 공간과 다른 국제정치 무대 사이에 지리적 특성을 규정하기가 비교적 용이한 점, 현재 규모의 의미에서 초강대국만 우주 개발에 관련되어 있다는 사실 그리고 국제 여론에서의 현저한 우위로부터 발생된다. 분리성은 또한 최고의 목적을 위해 우주가 국제정치의 기존 경쟁 양상에 영향을 미치지 않고 국제적 분쟁을 제거할 수 있다는 사실에 의해 고양된다. 이런 상황을 뛰어넘어 정치적 의지의 전적인 결여나 분쟁 집단까지도 중립화된 우주의 문제를 현저하게 축소시키는 한 요인이 된다. 더욱이 중립화 유지 관점에서 관찰해 보면 조직화된 인간 요인의 부재는 중립화 방안의 위반 범위를 감소시키고 위반이 발생했을 때 위반을 더욱 명확하게 증명할 수 있게 한다.

결론

본 논의를 통하여 현대 국제 체제에서 권력 관리에 대한 다른 절차와 비교하여 중립화의 전반적인 중요성을 모두 충분하게 증명할 수는 없다. 그럼에도 불구하고 중립화에 관련된 모든 문제는 국가 관리를 위해 가능한 다른 절차들에 수반되는 난점들과 비교하여 판단하여야 한다. 중립화가 매력적인 가능성으로 간주되는 범위 안에서, 만병통치약이나 이상적 결과라기보다 일반적으로 현실적 특수 상황에서 상대적 유용성이 있기 때문이다.

국제정치에 있어서 중립화의 전반적 중요성에 대한 몇 가지 본질적인 한계가 있다. 무엇보다도 실제로 국제관계에서 어떤 표준으로 규정할 수 없는 권력 현상의 제외되지 않은 모든 국가를 중립화하는 것은 논리적으로 불가능하다. 어떤 실체를 중립화하기 위해서는 어떤 무엇으로부터 그것을 중립화하는 것이 필요하다. 덧붙여 독일 같은 어떤 한 국가가 단순히 너무 큰 비중을 차지하고 있다면 국제정치 특성의 질적 변화 없이는 중립화가 불가능할 것이다. 중립화는 어떤 결정적인 문제를 조절할 수 있는 매우 유용한 방책이지만, 국제 체제 권력 관리의 전반적 과정에서 부차적인 역할 이상의 현상은 결코 없을 것이다.

5장 중립화 협상

중립화 협정은 대개 지속적이며 극적인 다자간 협상의 결과이다. 그 협상 과정을 검토하면 한 국가 또는 여타 국제적 분규의 대상 지역을 중립화하는 데 다른 국가들이 동의하려는 이유를 어느 정도 밝힐 수 있다. 또한 그러한 합의에 도달하기 어려울 수 있거나 도달하더라도 협상 참가자의 일부 또는 전체의 주요 목표를 충족하지 못할 수도 있는 이유를 보여 준다.

중립화는 일반적으로 국제 분쟁의 관리에 대한 하나의 접근 방식으로 옹호하였다. 따라서 중립화를 목표로 하는 모든 협상의 기본 의제는 분쟁의 성격에 의해 형성되며 또한 중립화의 대상을 적극적인 군사 경쟁의 장에서 배제하고자 하는 당사자들의 동기에 의해 형성된다. 협상 상황은 빈 회의(Congress of Vienna, 1815)에서 스위스와 크라코우(Cracow)의 중립화가 그랬던 것처럼 중립화가 보다 포괄적인 해결의 일부일 뿐일 때도 있으며, 1962년 라오스의 경우처럼 중립화가 협상의 유일한 목적일 때도 있다. 전자의 경우 중립화는 국제사회에 안정을 가져오는 여러 조정 수단 중 하나로 선택되는 반면, 후자의 경우 협상가들 사이에 상호 불리한 갈등을 해결 또는 제한하거나 아니면 적어도 갈등을 덜 파괴적인 형태로 전환하기 위해 도달한 특정의 거래 또는 타협이기 때문에, 이 두 경우를 구별하는 것이 중요하다.[1]

중립화 협상에 대한 분석의 목표는 전형적인 협상 의제들을 명확히 하고 과거의 협상에서 다루어졌던 몇 가지의 협상 방식을 보여 주는 것이다. 중립화 협상의 전제 조건은 주요 협상 당사자들이 중립화 대상에 대해 중립화된 지위를 확립시키는 데 부합하는 잠재적인 이해관계 및 여러 가지 잠재적인 또는 실제적인 동기와 목표를 염두에 두고 있냐는 것이다.[2] 협상의 맥락에는 기본적으로 두 가지 관계가 있다. 하나는 중립을 보장하는 국가들 사이의 관계이고, 또 하나는 중립을 보장하는 국가들과 중립화되려는 국가의 정부 및 기타 유력 정치 세력 간의 관계이다. 중립 후보국이 내전이나 경쟁적인 외세 개입을 겪고 있는 국가라면 이 두 가지의 관계는 매우 복잡할 수 있다. 이러한 면에서 남베트남에 대한 중립화 협상의 상황은 매우 복잡한 문제를 보여 주고 있다. 이러한 유형에 대한 설명은 중립화가 외교의 유용한 요소가 될 수 있는 시기와 이유를 나타내는 데 도움이 될 것이며, 중립화가 작동할 수 있는지 여부와 작동할

1 당사자들은 중립화를 협상하거나 완성하는 데 있어 상이하거나 심지어 모순되는 이유를 가질 수 있다. 예를 들어 한쪽은 중립화를 중립화된 영토에서 영향력 확대의 길을 여는 것으로 생각하고, 다른 쪽은 중립화된 지역을 글로벌 경쟁의 교차적 충돌에서 배제하기 위한 장치로 생각할 수 있다.

2 국가가 국제 분쟁의 비군사적 해결에 대한 의지를 세계 및 국내 여론에 확신시키려 할 때는 합의보다 협상 또는 협상 제안 자체가 주요 목표일 가능성이 있다.

것으로 예상되는 상황을 결정하는 협상의 요소를 밝히는 데 도움이 될 것이다. 하지만 중립화 협상은 국제적 분규에 대해 합의를 추구하는 한 가지 방법에 지나지 않기 때문에, 그 과정에 대한 우리의 이해는 셸링(Schelling) 및 볼딩(Boulding)과 같은 갈등 이론가의 작업이나 이클레(Iklé)처럼 갈등 이론을 국제적 협상에 대한 일반적 연구에 적용한 작업에서 더 많은 도움을 얻을 수 있을 것이다.

분석에 있어 고려 사항들

협상 상황에서의 몇 가지 특징을 설명함으로써 여러 가지의 중립화 계획을 구분할 수 있다. 특정 정치적 단위가 중립화에 적합한 후보인지 여부를 결정하는 문제가 있을 때마다 그에 따른 정책 형성이 구분되기 때문이다.

중립화 단위의 정체성

중립화 후보에는 주권 국가뿐만 아니라 특정 도시와 항해 수로가 포함된다. 도시에 대한 중립화 협상은 종종 국가에 대한 중립화 제안과 마찬가지로 국제적 충돌의 회피 또는 해결을 모색하려는 고려에 의해 촉발된다. 따라서 둘 또는 그 이상의 국가들이 특정 도시에 대한 통제권을 주장하는 경우 중립화라는 타협에 이른다.[3] 이와는 대조적으로 수에즈운하, 마젤란해협 또는 다뉴브강과 같은 중요한 국제적 수로의 중립화는 국가 간 공동체에 가치 있는 항해 자원에 대한 접근을 공유하려는 중요한 추가적 목적을 가지고 있다. 그러한 중립화는 주권 침탈의 대안이며 공동의 이익을 확보하기 위한 주요 국가들의 노력을 나타낸다.[4] 이러한 환경에서 중립화는 '항해의 자유'라는 교리와 동일 효과와 호소력을 가지고 있다.

그렇지만 중립화에 대한 우리 연구의 주요 강조점은 국가에 대한 적용 가능성에 있으며, 따라서 어떤 파괴적인 형태의 국제 분쟁으로부터 이 수단을 통해 국가를 보호하려는 노력에 있다. 지금까지 중립화 후보였던 많은 국가는 분명히 2등급의 국력을 가지고 있었다.[5] 그러나 그들의 전략적 중요성은 국제사회에서나 이의 한 부분을 지배하고 있는 국가나 동맹의 확장과 투쟁의 장에서 그들이 과거에 수행한 역할에 있다. 따라서 스위스, 벨기에, 룩셈부르크, 오스트리아, 라오스 등에서의 중립화의 역사적 사례는 중립화 협상 과정에 대한 현대의 연구와 가장 관련이 있다고 생각한다.

---

3 중립화는 종종 두 주요 적대자가 전략적 영역 자체에 대한 통제권을 확립하는 데 관심이 있는 것보다는 경쟁자의 그에 대한 통제권을 배제하는 데 관심이 있을 때 바람직해 보인다. 중립화가 없다면 각 측이 이러한 결과를 가져올 수 있는 유일한 방법은 스스로 통제권을 확립하는 것일 텐데, 이에는 비용이 많이 드는 투쟁이 뒤따를 것이다. 중립화는 갈등을 피하고 동시에 두 경쟁자의 실제 이익을 만족시킬 수 있다는 이점이 있다.

4 개요를 보려면 G. E. Sherman, "The Permanent Neutrality Treaties," *Yale Law Journal* XXIV (1915): 217-241; Malbone W. Graham, Jr., "Neutralization as a Movement in International Law," *American Journal of International Law* XXI (1927): 79-94.

5 중립화 대상을 단순히 2등 국가 또는 지역으로 분류하는 것은 그들 사이의 중요한 차이점을 간과한다. 중립화의 형태는 중립국이 중립화 유지에 크게 기여할 의지, 능력 및 지정학적 위치 여부와 중립화가 비무장화를 수반하는 정도에 따라 영향을 받는다.

대개 중립화 협상의 대상이 되는 국가는 하나 이상의 다른 국가 간의 경쟁적 열망으로 인해 외부로부터의 안보가 위태로워지는 국가이다. 라오스에 존재했고 현재 남베트남과 예멘에서 만연하고 있는 상황과 같이 외세의 경쟁적 개입으로 인해 발생하는 위험에 더하여 내전이 추가되는 경우, 하나 이상의 잠재적 보장국들(guarantor states)이 현 정권을 그 국가의 이익을 위한 정당한 대표자로 인정하기를 거부함으로써 발생할 수 있는 또 다른 문제가 있다. 예를 들어 베트남 중립화 협상의 핵심 문제 중 하나는 민족해방전선 대표의 형식 및 내용과 사이공 정권 대표의 형식 및 내용과의 관계에 관한 것이다. 따라서 중립화 후보 자체가 여러 보장국 중 일부에서는 지지를 받고 다른 진영에서는 반대하는 경합 상태로 나뉘면 그 협상의 구조가 매우 다를 수 있다.

중립화 협상의 목표

이클레가 제시한 협상의 특징적인 목표 중 일정 부분은 달성할 수 있는 중립화를 모색할 수 있다.[6] 특히 중립화는 1962년 라오스에서와 같이 중립화 후보로 제안된 사회 내에서 비정상적이거나 폭력적인 상태를 종료하는 ① 정상화 합의에 이를 수 있다. 또한 중립화는 거의 항상 ② 혁신적 합의라는 성격을 가지며, 이는 새로운 정치체제(또는 국제적 지위)를 생성한다. 때때로 중립화는 ③ 재조정 합의에

---

6 Fred Charles Iklé, *How Nations Negotiate* (New York, 1964), 41.

이를 수 있으며, 이 경우 중립화된 국가는 특정한 불이익을 수용하는 대가로 자치권 또는 안보상의 특정한 이익을 얻게 된다. 1955년 오스트리아의 중립화는 후자의 부류였다. 동맹 체제에 가입할 수 있는 특권을 잃는 대가로 오스트리아는 자국 영토에서 외국 군대가 철수하도록 했다. 마찬가지로 1867년에 룩셈부르크는 독립을 보장받는 커다란 권력의 대가로 비무장화되었다.

마지막으로 협상 당사자들은 ④ 부수 효과를 추구할 수 있는데, 자신들이 중립화를 제안함으로써 실제적이거나 잠재적인 충돌 상황에 대해 비군사적 해결책을 모색하면서, 세계 평화와 안보의 위험에 대한 책임이 주로 상대방에게 있다는 국내 또는 국제 여론을 확신시키는 부수 효과를 얻는다. 예를 들어 독일의 중립화에 대한 소련의 제안이나 베트남의 중립화에 대한 미국의 제안은 그러한 해석에 해당할 수 있다. 협상의 유일한 목표가 부수 효과를 달성하는 것일 때는 중립화에 대한 합의는 실제로 추구되거나 기대되지 않는다. 국제정치에서 경쟁자의 신용을 떨어뜨리기 위해서 또는 더 큰 호전성을 부르는 상대방의 제안을 거부하기 위해서 중립화 제안이 그 자체로 목적이 되는 것이다. 물론 중립화 제안은 얼마든지 진지하게 제기될 수 있으며, 특정한 제안의 목적이 합의에 도달하려는 것인지, 부수 효과를 추구하는 것인지의 여부와 그 정도를 평가하는 것은 그 자체로 섬세한 해석과 인식이 필요한 작업이다.[7]

중립화 협상은 일반적으로 여러 목표 또는 중복 목표가 존재할

7 이런 점에서 중립화 협상은 군비통제 및 군축 협상과 유용하게 비교될 수 있다.

가능성이 있는 협상의 배경에서 이루어진다. 따라서 한 국가는 정상화와 혁신적 합의에 도달하기를 열망하기 때문에 중립화를 제안할 수 있지만, 부차적으로는 이러한 목표를 달성할 수 없더라도 적어도 유리한 부수 효과로부터 이익을 추구하기 때문일 수도 있다. 실제로 부수 효과가 산출하는 결과물이 협상 당사자에게 유리한지 여부에 대한 계산이 중립화를 협상할 수 있는 잠재성을 결정하는 데 중요한 요소가 될 수 있다. 예를 들어 남베트남의 중립화와 관련하여 협상 당사자들이 중립화 합의에 대한 전망이 밝다고 생각할 때보다는 갈등의 주요 당사자들의 일관성 없는 비대칭적인 계산의 결과로 실패하는 협상에서 파생하는 부수 효과가 자신에게 유리하다고 기대할 때 그 협상이 우선 가능해질 수 있다.

나아가 협상 당사자들은 어느 정도 공유된 목표를 가질 수 있다. 빈 회의에서와 같이 중립화가 국제적 문제의 일반적인 해결책의 부분으로 사용되는 경우 국제사회를 안정시키는 일반적 정책을 구현하기 위해 정상화 및 혁신에 대한 공동의 추구가 있을 수 있다. 반면에 내전과 외세 개입의 상황에서 중립화가 제안되면 한쪽은 정상화를 추구하고 다른 한쪽은 재조정을 모색할 수 있다. 예를 들어 라오스의 중립화는 미국과 소련에게 정상화를 달성하거나 서로의 체면을 유지하는 방법으로 간주되었을 수 있었던 반면, 북베트남과 중국에 재조정을 실행하거나 특정 부수 효과(예: 주둔 미군 철수)를 얻는 수단으로 모색되었을 수 있었다. 요점은 라오스 유형의 상황에서 협상 과정은 협상 당사자의 서로 다른 우선순위를 거의 확실히 드러냈던 반면, 빈 회의와 유사한 환경에서 중립화는 공통적 우선순위로 나타나는 경향이 있었다는 것이다.

이해관계의 분류

이미 지적한 바와 같이 중립화 협상의 각 당사자는 중립화와 관련하여 서로 다른 이해관계의 우선순위를 가질 수 있다. 한쪽은 중립화를 패배 또는 비용이 많이 들고 인기 없는 지속적 갈등에 대한 대안으로 볼 수 있고, 다른 쪽은 가장 빠르고 적은 비용으로 승리에 이르는 방법으로 볼 수도 있다. 이러한 상황에서도 둘 또는 그 이상의 협상 당사자는 여전히 적절하게 합의에 도달할 수 있다. 왜냐하면 중립화는 모든 당사자의 이익이 일시적이나마 명백하다면 이에 기여할 수 있기 때문이다. 이러한 관점에서 동남아시아의 중립화는 적대국이 얻는 이익이 단계적으로 자국의 이익과 수렴될 수 있는 잠재성에 대한 판단에 따라 그것이 합리적인 결과로 간주될 수 있다.

중립화에 대한 이해관계가 뚜렷하지 않고 오히려 상충되는 상황에서 이러한 간극은 협상 과정에서 분명해질 가능성이 높다. 정상화에 관심이 있는 당사자는 중립화의 유지를 보장하는 보완 장치를 더 고집하는 반면, 재조정을 목표로 하는 당사자는 유지 관리 장치를 최소화하면서 중립화는 현 상태를 초래한 체제에 비해 훨씬 더 정교한 장치로 이루어진 것이 아니라고 주장할 수 있다. 잠재적인 보장국과 중립국이라는 두 가지 범주로 협상 당사자를 구분하면 유용할 것이다. 중립국의 관심사는 보장국의 일부 또는 전체의 이익과 맞물릴 수도 있고 맞지 않을 수도 있다. 오스트리아 중립 협상(1955)에서 오스트리아 정부는 소련 협상가의 이익과 상치되고, 서구 협상가의 이익과 매우 유사한 방식으로 자신의 이익을 생각했었다. 반면 스위스 중립 협상(1815)에서는 중립화 후보의 이익과 모든 잠재적 보장국의 이익 사이에 밀접한 상관관계가 있는 것처럼 보였다. 널리 공유되는 이익의 정체성이 존재하고 그것이 중립화된 국가의 정부로 확장될 뿐만 아니라 그 사회의 일반인들로부터 존중을 받을 때 우리는 중립화의 장기적인 생존을 더 확신할 수 있다. 그러나 중립화가 다른 목적(예: 소련군 철수에 관한 오스트리아의 이해관계)을 얻기 위해 마지못해 합의되거나 분쟁을 완화하고 해당 사회에 질서를 가져오는 데 사용되는 경우(라오스) 그 준수 가능성은 감소한다.

나중에 다시 논의할 추가적 요소는 중립화 유지와 관련하여 보장국과 중립화 주체 간의 능력과 동기의 균형이다. 크라쿠프나 베를린과 같은 중립화 후보 도시는 중립화를 유지하는 자율적 능력이 거의 없었으며 현실적 상황은 보장국이 얼마나 이를 경계하느냐에 전적으로 달려 있었다. 이와는 대조적으로 스위스와 같이 방어 가능한 국경과 중립화에 대한 강한 애착을 가진 중립국은 보장국의 지원이나 역할이 거의 안중에 없었다. 중립화된 국가와 보장국 간의 이러한 종류의 상호작용은 거의 항상 중립화를 유지하기 위해 필수적인 것으로 간주되는 장치의 종류에 영향을 미친다. 중립국의 생존 가능성이 높을수록 그리고 정부가 중립화가 자신의 이익에 부합한다고 더 명확하게 인식할수록 국제적 협상에서 선언적 의미의 지위보다 더 큰 것이 나올 가능성은 낮아진다.

중립화 범위의 설정

중립화의 범위에 따라 첫째로 체제적 중립화, 둘째로 준체제적 중립화, 셋째로 단위 지역 중립화로 구별하는 것이 유용하다. 19세기에 세 차례의 중립화(스위스, 벨기에, 룩셈부르크)는 프랑스를 일련의 완충 국가들로 둘러싸서 전체적으로 국제 체제에 안정성을 기하기 위한 열강들의 노력을 나타내기 때문에 진정한 체제적 중립화로 간주될 수 있다.[8] 1955년 오스트리아의 중립화는 유럽 전체의 하위체제에서 서구와 소련의 관계를 안정시키려는 준 체제적 중립화로 생각할 수 있다. 마지막으로 1962년 라오스의 중립화는 외국의 개입으로부터 이 국가를 어느 정도 격리함으로써 내전 상태를 통제하려는 시도였다고 볼 수 있다.

언젠가는 남아프리카 지역에서의 강대국 간 국제회의를 상상해 본다. 관련 정부들이 고통받고 있는 이 지역의 하위체제에 안정성을 가져오기 위해 하나 이상의 영토들을 설정한 중립화를 권장하는 것이다.

---

8 보장국이 중립국을 적대적인 군사작전의 준비 지역으로 이용하는 것을 피하는 데 관심이 있는 경우, 전면적 또는 부분적 비무장화가 중립화 협상의 일부가 될 수 있다(벨기에, 룩셈부르크의 사례).

협상 범위의 설정

협상 의제에 대하여 다양한 정도의 허용 범위를 가지고 협상을 수행할 수 있다. 이러한 관점에서 모든 교섭 거래가 중립화 협정 자체에 실질적으로 관련되는 협상 환경과 추가적 주제가 도입될 수 있는 협상 환경을 대조하는 것이 유용할 수 있다.

예를 들어 빈 회의에서 러시아가 실레지아(Silesia)와 타르노폴(Tarnopol)을 할양하는 대가로 오스트리아는 크라쿠프의 중립화를 수락한 반면, 폴란드 영토와 관련하여서는 프로이센에 대해 러시아가 양보한 대가는 작센(Saxony)에 대해 프로이센이 주장을 포기하는 것이었다. 또한 동남아시아에서의 중립화는 중국의 더 많은 양보가 동반된다면 더 효과적일 것이라고 상상할 수 있다. 이와 유사하게 중동에서도 팔레스타인(시나이반도, 가자 지구, 서안 지구)의 중립화 협상에 해상 통행, 난민, 하천 개발, 평화로운 관계에 대한 분쟁에 대해 이스라엘과 아랍 국가 간의 합의 등이 수반된다면 심각한 협상이 가능할 수 있다.

반대로 폭넓은 합의의 바탕이 더 이상 없는 경우에는 상호 이해가 수렴되는 영역으로 협상 범위를 제한한다면 성공적인 협상으로 이어질 수 있다. 라오스 중립화는 협상할 수 있는 문제가 제한되었기 때문에 합의로 끝날 수 있었다. 동시에 협소한 교섭 범위로 인해 보다 안정적인 중립화 계획이 나타나지 않았을 수도 있다. 예를 들어 1962년 미국이 남베트남에 군사 주둔을 드러나게 자제하겠다는 약속을 했다면 그 대가로 라오스에서 중립화를 유지하기 위한 보다 효과적인 장치가 형성될 수 있었다고 추측할 수 있다.

국제사회와 협상 간의 상호작용

중립화 협상의 의제는 어느 정도 고정될 수 있다. 협상에서의 요구 사항과 우선순위는 당사자들 사이에서 인식되는 유리와 불리의 비율을 변화시키는 사건의 결과로 바뀔 수 있다. 예를 들어 러시아가 크라쿠프의 중립화에 기꺼이 동의한 것은 빈 회의에서 탈리랜드레랑(Talleyrand)의 외교를 통해 프랑스의 영향력을 회의안과 일반 국제사회에서 크게 강화시켰다는 인식을 반영하는 것이었다.

마찬가지로 내전 과정에서의 중립화 협상도 역동적인 맥락을 지니기 쉽다. 전쟁터에서의 노력은 세력의 균형에 대한 협상가의 관점을 변경하여 최종 협상의 성격을 형성할 수 있다. 미국이 라오스 협싱의 진제 조건으로 휴전을 주장한 것은 협상 중에 군사적 반전이 발생하여 협상 결과에 영향을 미칠 가능성을 배제하려는 명백한 의도에서 촉발되었다. 이와 유사하게 1954년 제네바회의의 전날 저녁에 디엔비엔푸(Dien Bien Phu)에서 프랑스군의 패배는 여러 당사자가 그 상황에서 합리적이라고 생각했던 것을 수정함으로써 협상에 분명히 영향을 미쳤다.

물론 협상 바깥의 사건들의 영향은 훨씬 더 간접적일 수 있다. 한 국가가 곧 국내 선거를 치르게 될 때, 그 지도자들은 유권자들에게 자신의 성취 표시로 제시할 국제 협약을 원할 수 있다. 그러한 간접적인 유인들은 협상에서의 요구 사항을 어느 방향으로든 이동시켜 일정 정도의 합의에 도달하게 할 수 있다.

협상이 장기화될수록 국제정치 전반과 국내 정치의 특정 방향이 협상의 양상과 중립화라는 목표 자체에 대한 주요 협상국의 태도에 영향을 미칠 가능성이 커진다. 더욱이 중립화 후보국의 정치적 분위기가 불안정할수록 그 국가 내부의 변화가 협상 과정에서 중립화의 형태 또는 달성 여부를 결정할 가능성이 커진다.

사회적, 역사적 고려 사항들

중립화 협정을 위한 협상은 특정 시대의 국제 분쟁의 관리에 대한 기본적인 생각을 반영하는 것으로 보인다. 사실 역사적으로 약소국의 중립화는 강대국들이 자의식적인 외교를 통해 그들 사이에서만의 경쟁을 완화하려고 노력하는 시기에만 심각하게 고려되었다는 점을 지적할 수 있다.

중립화의 모든 주요 사례가 빈 회의부터 시작된 나폴레옹 전쟁 이후 기간 또는 제2차 세계 대전 이후 기간에 발생했다는 것은 놀랍지만 확실히 주목할 가치가 있다. 이 기간은 여러 가지 유사한 상황을 공유했다. 첫째, 우선 전후의 강대국들이 의식적이고 협력적인 행동을 통해 국제적 안정을 재수립하고 유지해야 할 필요성이 널리 공유되었다. 둘째, 강력한 이데올로기에 의해 활성화된 국제적 갈등(예: 공화주의 대 왕조의 정통성, 공산주의 대 자유주의)이 대규모의 국제적 폭력을 증대시킬 위험을 제기했던 것으로 보인다. 셋째,

국제 분쟁의 이데올로기적 차원은 국내 정치와 국제정치의 분리를 약화시키는 경향이 있어 심각한 정도로 개입주의적 외교를 창출했다. 넷째, 국내에서의 정치적 패권을 위한 투쟁은 국제사회에서 약소국의 안정성을 약화시켰고 이들 국가는 외세의 개입으로 독립을 상실할 가능성에 직면했었다.

나폴레옹 전쟁 이후 유럽의 분위기와 제2차 세계 대전 이후 세계의 분위기 사이의 상당한 유사성을 시사한바, 이제 우리는 중립화 협상을 촉발한 요인과 구체적인 우려와 관련된 고려 사항을 보다 자세히 검토해야 한다. 이 논의는 협상 과정과 관련된 국제적 환경의 특성을 다루려고 시도할 것이므로 중립화의 역사를 다룬 앞의 제2장과 함께 읽어야 한다.

나폴레옹 전쟁 이후 중립화

스위스, 벨기에, 룩셈부르크의 유명한 중립화 사례 외에도 국제회의 외교가 성행한 기간 중 중립화를 분쟁 관리의 기술로 이용하려는 다양한 시도가 있었다. 이러한 국제적 환경에서 중립화가 어떻게 협상되었는지 이해하려면 러시아, 오스트리아, 프로이센, 프랑스, 영국의 주요 외교관들이 해석한 세력 균형에 입각한 전제에 국가 운영이 얼마나 의존했는지 파악하는 것이 필수적이다. 국제 평화의 열쇠는 균형으로 여겨졌다. 즉, 어느 한 강대국 또는 강대국 간 연합이 다른 국가를 희생시키면서 확장하도록 허용되지 않는다는 의미였다. 특히 나폴레옹 전쟁의 여파로 프랑스의 팽창주의를 억제할 필요성에 대한 합의가 있었다. 억지력은 다양한 형태를 취했는데, 그중에는 프랑스를 주요 잠재적 경쟁국들로부터 분리하기 위한 완충적 국가들을 세우는 아이디어가 지지를 얻었다. 완충적 국가를 설립하는 목적의 일부는 국제적 경쟁의 주요 흐름에서 지정학적으로 전략적 위치에 있는 약소국들을 제거하여 그들의 존재로 인해 경쟁하는 강대국들이 위협을 받거나 유혹을 느끼지 않도록 하는 것이었다.[9] 중립화는 이러한 세력 균형 시스템의 기능적 요구를 충족시키기 위해 고안된 방안이었다.

이렇게 해석된 중립화는 힘의 균형을 유지하려는 중립 보장국들의 이익에도 부합되고, 강력한 이웃 국가가 자국의 영토를 확장하거나 그 경쟁국의 영토적 야망을 저지하기 위해서 벌이는 침략에 맞서 국가의 독립을 보장하려는 중립화 후보국의 욕구에도 부합되는 계획이었다. 따라서 중립국은 자국의 영토나 독립이 강대국 간 경쟁의 무대가 되지 않을 것이라는 확신을 얻기 위해 외교적 기동성을 발휘하여 유리한 교환을 할 수 있었다. 다시 말해 한 국가가 중립화 지위를 추구하거나 이에 도달하려면 일반적으로 내부적 주권 확립에

---

9 "지도를 한번 보면 벨기에, 룩셈부르크, 스위스 등 중립국이 프랑스와 중부유럽 국가 사이에 장벽을 형성하고 있음을 알 수 있다. 프랑스가 두려웠고, 그러한 완충국가는 확립된 영토의 한계 내에서 프랑스를 배척하는 데 도움이 될 것으로 생각되었다. 힘의 균형을 유지함으로써 유럽의 평화가 확보될 것이라는 믿음은 18세기에 특히 강조되었다. 그리고 이러한 완충국가 중 어느 하나든 점령되면 다른 강대국들이 경쟁국의 손안에 있는 것을 보기 꺼리는 유리한 위치를 그 점령국에 부여함으로써 유럽의 평화를 위태롭게 할 것이라고 주장되었다." George G. Wilson, "Neutralization in Theory and Practice," *Yale Review*, N.S., IV (1915): 480-481.

대한 전망이 이 지위에 수반되는 외부적 주권 행사에 대한 장애들을 능가하는 것으로 인식되어야 한다. 19세기에 중립화를 국제적 협상의 초점으로 만든 것은 중립화 보장국과 후보국이 공유할 것으로 예상되는 상호 이익에 대한 이러한 인식이었다. 이러한 협상의 특별한 형태는 경쟁적인 보장국들의 상대적인 교섭 위치, 자체적 안보를 제공할 수 있는 중립국의 능력, 현상의 침해를 방지하기 위한 예방 협정을 유지하는 문제 등을 반영하고 있었다.

중립의 개념

세력 균형의 부속 장치로서 중립화를 사용하는 것은 공평한 외교를 구현하기 위해 고안된 중립 개념을 통해 전쟁의 범위를 제한하려는 기존의 오랜 노력과 분명히 연결되어 있다. 진행 중인 전쟁에 참여하지 않은 국가의 중립적 지위를 발전시켰던 것은 평화로운 국제 공동체의 이익과 승리한 교전국의 주장을 조화시키려는 국제법적 노력을 드러낸다. 중립의 개념은 전쟁 조건에만 적용되는 반면, 중립화의 개념은 중립의 기본 정책을 전쟁에서는 물론 평화의 조건으로도 연장하는 것을 포함한다. 이러한 연장의 근거는 균형이라는 개념이 국제적 안정의 유지와 관련되어 있는 상황에서 세력 관계의 조정 또는 재조정 자체가 국제 평화를 위태롭게 할 수 있는 적대행위로 간주되는 경우가 많았기 때문이다. 스위스의 중립화는 전쟁 기간 동안의 일시적인 공평성의 조건이라는 중립의 논리와 유사한 근거로 영구적인 공평성의 확립을 예시했다.

전쟁의 상태

19세기에는 20세기와는 달리 외교 정책을 시행하는 데 있어 전쟁에 의존하는 것이 널리 허용되거나 적어도 초법적이라고 인정하면서도 허용되는 방법이었다. 중립화는 무엇보다도 전쟁을 수행하거나 집단안보를 위한 전략에 참여할 수 있는 선택권의 상실을 의미했다. 중립화된 국가는 경쟁적인 세력 균형 체제에서 배제되었다. 사실상 강제력에 의한 현상의 조정을 포기하는 것이 중립화에 대한 보장과 교환된 것이었다. 물론 이러한 교환은 약소국, 즉 팽창을 지향하는 국가가 아니라 팽창의 희생양이 될 것이 예상되는 국가에만 적용되었다. 벨기에와 룩셈부르크는 그러한 두 국가였다.[10]

대응의 문제

19세기의 중립화 협상은 획득된 지위와 이에 수반되는 결과를 강조했다. 중립화를 유지하는 장치를 설치하거나 중립화 지위를 위반한 경우 보장국이 해야 할 일을 결정하려는 시도는 없었다. 보장국들은 즉각적인 이익이 관련된 경우를 제외하고는 위협, 설득 또는 공격으로부터 중립국을 보호하는 것을 보장 의무의 일부로 간주하지 않았다는 것이 대개의 해석이다.

중립화에 대한 보장의 본질과 그에 대한 위반의 효과를 완전히

---

10 이러한 과정에 대한 자세한 분석은 William E. Linglebach, "Belgian Neutrality: Its Origin and Interpretation," *American Historical Review* XXIX (1933): 48-72, 특히 제2장의 중립화의 역사적 사례에 대한 정보.

파악하려면 1800년대 국제사회의 극단적인 분권화를 이해하는 것이 중요하다. 그 당시에는 국제 평화와 안보를 수호하려는 국제기구가 없었고, 국제적 약속을 이행하는 국제기구에 대한 개념이 아직 진지하게 구상되지 않았다. 원래의 중립화를 공고히 하려는 국가 간 이해의 공유가 사라지면, 그 결과 유럽의 국가 간 연맹들 사이에 경쟁적이고 불안정한 대결이 다시 시작될 것이라고 예상되었다.

영국 외무장관 스탠리 경은 룩셈부르크 조약과 관련하여 다음과 같은 용어로 그 조약의 의무와 구조를 말했다.

> 이러한 권한 중 어느 것도 단독으로 또는 개별적으로 행동하도록 요구될 수 없습니다. 말하자면 유한 책임의 경우입니다. 여기에 법률적 구조를 적용할 수는 없지만, 우리는 다른 사람들과 협력하여 이러한 협약이 유지되도록 명예를 지킬 의무가 있습니다. 그러나 다른 세력이 우리와 함께한다면 중립을 위반하는 일은 없을 것입니다. 그들이 우리와 똑같은 상황에 처해 있으면서 함께 하는 것을 거부하더라도 우리는 나머지 부족한 결점을 단독으로 보완해야 할 의무가 없습니다.

그러한 보장은 전쟁을 일으킨 데 따르는 책임보다는 협정에 대한 도덕적 제재의 성격을 분명히 더 가지고 있었다. 중립화를 보장한다는 것은 의심할 여지 없이 전쟁을 일으킬 권리를 양보하겠다는 것이지만, 반드시 그 보장에 대한 의무를 부과하지는 않을 것이었다.

글래드스턴 경은 1870년에 벨기에 중립화의 이유를 의회에 설명하면서 이 정책에 대한 기대를 더욱 분명하게 표현했다.

나는 우리가 어느 강대국에 대해서도 불평할 권리가 없다고 생각합니다. 나는 그들이 말할 것으로 예상할 수 있는 모든 것을 말했다고 생각합니다. 그러나 우리는 합동으로 협약을 체결함으로써 어려움을 제거하고 벨기에가 희생되는 것을 방지할 수 있으며 우리가 만든 중립성을 저해할 어떤 일도 일어나지 않을 것이라고 생각했습니다.[11]

그는 사실상 중립화 성립에 참여한 당사자들의 기본적 이익과 일반적으로 양립할 수 있는지 여부에 따라 유지될 수 있는 국제 질서를 선언적 어구로 제시한 것이었다. 그렇게 이해되는 중립화는 정상 상태의 척도에 대한 공식적 합의를 나타내는 것이었다. 그로부터의 이탈은 반드시 보장 그 자체의 이행을 요구하는 것은 아니더라도 다른 보장국으로부터의 불안정한 대응 패턴을 유발할 가능성이 있다. 이러한 분석은 특히 벨기에와 룩셈부르크의 사례에 적용된다. 이들 국가는 강대국이 중립국을 침해하려는 심각한 시도에 직면하여 중립국 지위를 유지할 능력이 없었기 때문이다. 이에 반해 스위스는 중립화되는 과정에서 자기 방어권을 포기하지 않았다. 스위스의 험준한 지형과 스스로 방어할 수 있는 강력한 군사력으로 강화된 중립화에 대한 스위스의 변함없는 약속은 유럽에서 극심한 혼란의 시기에도 모든 국가가 이의 보장을 존중하도록 하는 데 성공했다.

19세기 외교 환경에서 협상국은 주로 식별하기 쉬운 중립화 위반을 방지하는 데 목적을 두었다. 왕조의 정통성을 수호함에 있어

11 두 인용문은 모두 Wilson, 앞의 책, 479-480.

서 공화주의의 부활에 대한 두려움과 위기감이 약간은 있었지만, 음모적 침투 기술을 통한 은밀한 영향력 확장에 대한 일반적인 우려는 없었다. 결과적으로 중립화 협정을 촉진한 외교는 미래의 결정적인 위반에 대항하여 보호를 제공하는 것보다는 공동 이익의 체제를 확립하는 데 더 관심이 있었다. 이러한 상황에서 중립화 지위에 대한 대규모의 침해는 세력 균형을 확보하려는 이전의 시도가 실패했음을 의미했으므로 재협상, 전쟁 준비 또는 상계적 외교의 필요성에 대한 경고로 작용할 것이었다.

제2차 세계 대전 이후 중립화

제2차 세계 대전 이후에 중립화로 절정에 이르렀던 두 종류의 협상(오스트리아, 라오스)은 모두 냉전이라는 국제 체제 아래 지정학적으로 중요한 지역에서 소련과 서구 동맹 체제 간의 대결로 인해 발생한 긴장을 반영했다. 여기서 중립화는 세력 균형 체제의 일부가 아니었고, 대신 양 진영이 첨예하게 충돌하는 지점에서 타협이나 교착 상태에 이르는 길이었다. 남베트남이나 캄보디아를 중립화하자는 제안은 비용이 많이 들고 위험한 냉전적 교착 상태를 적어도 일시적으로나마 관련 국가들에 피해를 덜 주면서 보장 국가들에게는 더 유리한 상태로 전환하는 것이 바람직하다는 평가를 반영했다. 마찬가지로 키프로스나 카슈미르와 같이 대략 냉전적 환경 밖에 있는 지역을 중립화하자는 제안은 호전적인 교착 상태를 평화적이고 영구적인 교착 상태로 전환하는 것이 서로에게 바람직하다는 전제에 입각했다. 그리하여 현대 세계에서 중립화는 주로 평화 정착의 기술로서 작동하고 있다.

또한 중립화는 내전으로 촉발된 강대국의 경쟁적 개입을 종료시키는 데 있어서 강대국 간 수렴되는 이해관계가 있는 상황과 관련이 있을 수 있다. 이러한 상황에서 중립화의 주된 의도는 중립화된 국가를 통제하기 위한 투쟁에서 외국 군대의 참여를 배제하고 내부 분파끼리 싸울 수 있는 선택권을 남기는 것이다. 이렇게 이해한다면 중립화란 단계적인 갈등 축소 전략의 일부며, 그 목표는 지역적 또는 국제적 경쟁 형태에서 국가 간 투쟁 형태를 분리하는 것이 된다. 그러한 상황에서 평화 정착까지는 의도하는 결과가 아닐 수 있지만 적어도 협상을 진행하기 위한 휴전 정도는 이루어질 수 있다. 1954년 제네바 협정이 중립화 상태를 제시했다면, 인도차이나연합(Associate States of Indochina, 1949)의 각 파벌에게 서로 정치적 우위를 차지하기 위한 내부 투쟁을 극복할 수 있는 공평한 전망을 제공하면서 제1차 인도차이나 전쟁(1946~1954)이 안정적으로 해결될 수 있었다.

더욱이 중립화의 설치를 다양한 이해관계가 있는 국가들이 무언가에 대한 대가로 무언가를 포기하는 거래처럼 만드는, 이른바 손해의 교환(exchange of detriments)이 있을 수 있다. 오스트리아가 좋은 예다. 수년간의 협상에서의 고통스러운 좌절 끝에 이루어진 중립화 협정은 오스트리아가 서구의 방어 체제 밖에 남겠다는 약속을 하는 대가로 소련군이 오스트리아 영토에서 철수하는 결과를 낳았다. 이 거래는 1955년 오스트리아에 의해 제안되었는데, 당시 정부는 동맹과 집단안보에 기반을 둔 외교 정책을 통해 친서방 성향을 표현하는 것보다는 내부적으로 독자적인 주권을 재수립하고자 했다. 이후 오스트리아의 중립적 지위는 1958년 헝가리 혁명의 망명자들에게 대규모의 피난처를 제공하는 일을 피할 수 있게 했다.[12] 오스트리아 정부가 이를 제공했다면 아마도 소련을 불쾌하게 만들었을 것이고 오스트리아의 중립을 위태롭게 한다는 주장에 이용될 수 있었을 것이다.

1962년 라오스에서 중립화는 중소 대립 이후의 기간 동안 성행했던 협상 형태인 완전한 다자간 협상으로 이뤄졌다.[13] 세 개의 주요 협상 당사자는 각각 상당히 다른 이유로 중립화가 바람직하다고 인식했다. 미국은 라오스에서 공산주의의 승리를 방지하기 위해 대규모의 군사개입을 수행하지 않고도 악화되고 있는 군사적, 정치적 상황을 안정시키기 위해 주로 노력했다. 소련의 주요 목표는 분명히 중국이 서쪽으로 확장하려는 시도를 저지하고 아시아에서 늘어나고 있는 미군 주둔 지역에서 라오스를 배제하는 것이었다. 중국은, 그들의 행동과 말에서 유추할 수 있는데, 중립화 이후의 라오스 내부의 정치적 발전이 자신들에게 유리하게 작용하여 완전히 신뢰할 수 있는 체제는 아니더라도 자신들에게 우호적인 체제가 집권할 것이라고 확신했다. 어쨌든 중국 및 당시 북베트남은 라오스의 국내 정치과정에 결정적인 영향을 미칠 수 있거나 최악의 경우라도 라오스 국내 또는 해외의 상황 변화로 인해 발생할 수 있는 불리한

---

12 William B. Bader, *Austria Between East and West 1945~1955* (Stanford, 1966), 184-209.
13 On file at the Center of International Studies, Princeton University의 서문.

상황을 상쇄할 수 있는 위치를 확보하는 데 있어서 충분히 위장하기 쉬운 수단을 통해 라오스에 쉽게 접근할 수 있었다. 북베트남의 지도자들 역시 라오스의 중립화를 남베트남을 위한 투쟁에 영향력을 행사할 수 있는 능력과 관련이 있다고 보았을 것이다.

그렇다면 이러한 동서 외교의 맥락에서 중립화는 주로 갈등 회피를 목표로 하는 예방 외교의 한 측면이었던 19세기보다 갈등 관리와 더 밀접하게 관련되어 있다는 것이 분명해 보인다. 중립화가 이제 갈등 관리에 더 중점을 두게 되면서, 이를 구현하고 유지 관리하는 데 대한 스트레스가 증가할 가능성이 있다.[14] 대응 문제는 일부 협상 당사자의 계산 가운데에서 매우 중요한 부분으로 작용할 수 있다. 그리고 전반적인 중립화 계획은 아마도 선언적 협정보다는 국제적 체제의 형태를 취할 것이다. 이런 의미에서 우리는 오스트리아의 중립화 사례가 현대의 사례 중에서 19세기의 선언적 모델과 가장 유사한 것으로서 상호 이익이 되는 거래라는, 흔히 반복되어 나타나지 않을 결과였다고 여기고 있다.[15] 라오스는 현대적 중립화의 원형적인 모델이었다. 왜냐하면 비용과 위험을 무릅쓴다 해도 그 어느 쪽도 승리할 가능성이 별로 없다고 생각되는 동서의 폭력적

---

14 Arthur J. Dommen, *Conflict in Laos-The Politics of Neutralization* (New York, 1964).

15 독일 역시 오스트리아식 협상의 기회를 제공하는 것처럼 보일 수 있지만 다음과 같은 주요 이유로 실현될 가능성은 낮다. 독일의 중립화는 소련이 유럽을 지배할 수 있는 능력을 위협하는 것처럼 보일 것이다. 중립화로서 통일된 독일이 부상하면 중립화의 부담을 포기하도록 하여 소련의 안보 이익을 위태롭게 할 수 있다. 요컨대 독일은 국제정치에서 중립화를 통해 처리하기에는 너무 큰 잠재력을 갖는 요인이기에, 중립은 2차적 영향력을 가진 국가에만 적합한 지위이다.

충돌의 상황에서 협상이 이루어졌고, 게다가 라오스는 공식적으로 분할되기 어려운 상태에 있었기 때문이었다.

이러한 일반적인 배경에서 현재라는 역사적 시점에서 중립화 협상을 형성하는 데 특별한 영향을 미치는 것으로 명백히 드러나는 몇 가지 요소를 살펴보겠다.

전쟁의 상태

현행 국제법에 따르면 무력의 사용은 불법이지만, 정당방위의 경우는 제외한다. 그러므로 중립국은, 19세기에 그랬던 것처럼, 전쟁을 수행할 수 있는 선택권을 포기하지는 않는다. 그러나 중립화는 그 국가가 유엔이 국제 평화와 안보를 유지하는 일에 도움을 줄 의무를 배제함으로써 유엔에 참여하는 능력이나 의무를 제한할 수 있다. 지금까지의 중립화 협상은 이러한 광범위한 국제 질서 문제를 건드리지 않았지만, 중립화가 세계의 더 많은 국가로 확장되거나 제안된다면 확실하게 문제가 제기될 것이다.

물론 협상에서는 중립국이 유엔 밖에서 집단적 안보 동맹을 체결할 수 있는 선택권을 거부하였다. 중립화된 국가가 비무장지대로 되지 않은 경우 군사적 지원이 어디서 오는지에 대한 논의도 협상에 포함되었다. 중립국이 동서 어느 한쪽으로부터만 군사적 원조를 받도록 허용한다면 중립성은 중립화에서 제외된다. 이러한 재량권은 오스트리아는 보유하고 있지만, 라오스는 보유하지 않는다. 여기에는 현재까지의 협상 기록으로는 실질적인 답을 제공하지 못하는 세세한 질문들이 존재한다.

생존 불가능한 국가

생존 불가능한 국가가 중립화되면 그 지위의 보호는 거의 전적으로 보장국들이 공동으로 이루는 여러 약속과 능력에 달려 있다. 룩셈부르크는 비무장 지대화가 요구 사항으로 강조된 19세기의 사례였다. 중립 지위 유지의 중요성은 중립화 협상을 추동하는 다양한 동기에 따라 달라진다. 한 그룹의 보장국들은 중립화를 그들의 패전에 대한 체면을 보호하는 대안으로 간주하는 반면, 다른 그룹은 이를 확전의 위험을 줄이기 위한 신중한 협정으로 간주할 수 있다. 따라서 이러한 맥락에서 협상은 중립화를 수립하는 데에만 목적이 있을 수 있으며 중립화 유지에는 관심이 없을 수 있다. 신뢰할 수 있는 유지 관리 장치를 찾는 패배한 쪽은 패배에서 벗어나 현상의 교착 상태를 목표로 협상하게 된다. 반대로 협상 상황이 교착 상태에 의해 생성되고 유지되는 경우 협상의 초점은 유지 관리 장치의 형식과 신뢰성으로 전환될 수 있다. 물론 라오스가 예시한 것처럼 패배한 쪽이 중립화 협상에 성공하면 협정 이후의 상태를 유지하기 위해 행동할 수 있으며, 그럼으로써 패배에 대한 체면을 구하려는 명백한 입장에서부터 교착 상태 또는 더 나은 상태로 전환하려고 행동할 가능성이 있다.

대응의 문제

중립화 협정의 전제 조건인 동서 갈등의 상황에서 간접적 침략이나 다른 형태의 은밀한 강압이 있다는 주장과 증거에 직면하면 중립 유지 문제에 큰 부담이 가해진다. 중립화 협정의 은밀한 위반을 식별하는 것은 어렵기 때문에 유지 관리 장치를 현대 세계의 기본 바탕인 글로벌 차원에서 분리하는 것이 어렵다. 그 결과는, '라오스 국제통제위원단'의 경험이 보여 주는 바와 같이, 협상 과정에서 보여 준 것과 동일 주체적인 사실조사의 절차를 유지 장치에 도입하는 것이다. 이처럼 유지 장치는 쉽게 마비될 수 있고 중립화가 계속될 것이라는 명목상의 보장만 제공한다고 생각될 수 있다.

협상의 암묵적 전제가 패배에 대한 체면을 세우는 대안으로 중립화를 사용하는 것이라면, 이러한 명목상 보장에 대한 전망은 당사자들에게 수용 가능할 것이다. 그러나 그러한 암묵적 전제가 존재하지 않거나 협상의 다양한 측면에 대해 크게 가변적으로 작용한다면, 그 국가가 위태로울 때 중립화를 유지하려는 노력으로 인해 심각한 불안정이라는 위험이 발생할 것이다. 이 문제에 대한 쉬운 해결책은 없지만, 중립화 협정 이후의 상황과 관련하여 각 당사자의 기대치를 명확히 하는 것이 도움이 될 것이다. 시간이 지남에 따라 기대가 변하고 협상 당시의 예상 기대가 중립화 협정에 대한 미래의 해석자에게 전달되지 않을 수 있다. 중립화 협상의 본질적인 조건이 무엇인지에 대한 다양한 해석이 나올 수 있는 위험은 대외 관계 수행에 관한 상충적 의견을 포함하는 국내의 정치적 갈등이 비등한 국가에서 특히 크게 나타난다.

보장국 간의 적대감과 갈등 상황이 19세기 이전의 사례를 훨씬 능가하는 오늘날, 공동 행동에 대한 의존은 매우 비현실적이다. 유지 관리 장치를 신뢰할 수 없는 경우 현 상황을 심각하게 침해하는 것으로 인식되는 활동에 직면하여 중립화를 유지하기 위해서는 자국의 능력에 의존해야만 한다.

중립국 중 스위스형 중립국은 드물기에 협상 단계에서 중립국의 지위 유지를 위한 능력과 의지에 기대는 것은 비현실적이다. 자체적인 유지 관리는 라오스 유형의 상황에서 특히나 가녀린 갈대처럼 보인다.

맺는말

중립화 합의를 위한 협상은 실제적인 또는 잠재적인 충돌 당사자 간의 합의에 의한 협상이라는 보다 일반적인 범주에 속한다. 많은 변수가 중립화 협상에 구체적인 형태를 부여한다. 포괄적인 일반화는 거의 제시할 수 없는 것이 확실하다. 특정한 중립화 협상의 과제에 대한 이해는 당면한 사례에 대해 적절한 고려 사항들을 구성하고 이를 분석하는 데 달려 있다. 협상의 각 당사자와 협상 결과로 이익을 얻을 수도 있고 손해를 입을 수도 있는 당사자들의 동기, 인식 및 기대를 신중하게 검토해야 한다. 중립화는 국정 운영을 위한 다른 주요 도구들만큼 그 영향과 형태가 다양할 수 있다. 그리고 중립화 개념은 외교의 구도에서 절대 벗어나서는 안 된다.

6장 중립화 유지

여기에서 우리는 중립화 협정에 대한 협상의 문제에서 이를 유지하는 것과 관련된 문제로 넘어간다. 중립화 협정에 대한 단순한 협상이 일부 관련 당사자에게는 상당한 이익을 가져다줄 수 있지만, 국제정치 차원에서의 세력 관리라는 관점에서 보면 중립화 효용의 상당 부분은 그러한 협정의 이행과 유지에 달려 있다. 그러나 중립화를 유지하려는 동기는 협상 단계에서 합의를 수용하게 된 동기와 동일 경우가 거의 드물다. 그 결과, 가장 간단한 중립화 협정이라 할지라도 통제 장치의 존재, 성격 및 운영에 영향을 미치는 예측하지 못한 문제들이 발생하거나 적어도 일부 참여자의 불온한 행동으로 이어지는 경향이 있다.

이러한 상황에서 중립화 협정의 전체적 유지와 부분적 유지를 애초부터 구분하는 것이 중요하다. 사실 국제정치에서 국가 관리를 다루는 제도는 구체적인 상황에 이르렀을 때 원래 의도한 대로 또는 이상형의 기준에 따라 실제로 작동하는 경우가 거의 없다. 중립화의 부분적 유지는 두 가지 다른 형태를 띨 수 있는데, 중립화 협정의 일부 요소는 성공적으로 구현될 수 있지만, 다른 요소는 그렇지 않을 수 있다. 또한 전체 협정의 효율성 수준은 시간이 지남에 따라 크게 달라질 수 있다. 부분적인 성공의 가치를 강조하는 것이 중요하다. 중립 지역이 그 지역 외부의 강대국들 사이에 명백하고 증대된 대결의 초점이 되지 않는 한, 중립화 협정은 국가 관리를 위한 장치로서 중요성을 유지한다.[1]

특정 경우에 있어서 원래의 합의 조건에서 벗어나서 해당 지역에 이해관계가 있는 당사자들 간의 정치적 이점이 균형을 이루도록 변경될 수는 있지만, 그것이 전체 합의의 중요성을 반드시 손상하는 것은 아니다. 마찬가지로 국제정치 체제가 빠르고 광범위하게 변화하는 경향이 있다는 사실은 중립화와 같은 관리 장치를 영속화하려는 측면에서 평가하는 것을 상대적으로 흥미롭지 않게 만든다. 이러한 협정은 주로 그 협정이 공식화되는 정치적 환경의 측면에서 중요하다. 그리고 장기간에 걸쳐 계속 효력을 발휘하는 협정이라도 대개 그 실질적 내용이 매우 폭넓게 변화하므로 때때로 재개념화의 필요성이 제기된다.[2]

---

1 현재 라오스 사례는 이런 관점에서 흥미롭다. 라오스에 대한 중립화 협정은 외부 세력에 의해 정기적으로 위반되고 있지만, 이 협정은 이 국가가 이들 세력 간의 노골적인 대결의 초점이 되는 것을 방지하는 역할을 계속하고 있다.

2 예를 들어 스위스 중립화는 1815년부터 현재까지 그 중요성을 유지해 왔다. 그럼에도 불구하고 오늘날 스위스 중립화의 기능은 19세기 초의 그것과는 상당히 다르다.

상황과의 연관성

중립화 유지 관리의 특정 문제 및 전망은 경우에 따라 크게 달라지는 경향이 있기에 중립화 유지에 대한 일반화는 어렵다. 그러나 몇 가지 중요한 상황적 요인을 구별하고 이러한 요인이 대개의 중립화 협정을 유지하는 데 미치는 영향을 평가하는 것은 가능하다.

중립화할 지역의 유형은 중립화 유지 관리의 전망에 영향을 미치기 쉽다. 이와 관련하여 비거주 지역, 유능한 정부가 없는 거주 지역 및 국가 등을 구분했던 이전의 논의로 돌아가 보겠다. 유지 관리는 비거주 지역에서부터 국가까지의 스펙트럼을 따라 가면서 점점 더 많은 문제에 직면하는 경향이 있다. 첫째로 남극 및 천체와 같은 무인 지역은 유지 관리의 관점에서 다음과 같은 많은 이점이 있다. 외부 개입의 모호성과 유인을 만드는 지역 정치의 부재, 주권 침해에 관한 문제 제기 희소, 위반에 대한 높은 가시성 그리고 감시의 용이성 등이다. 카슈미르나 가자 지구와 같다. 둘째로 실효적인 정부가 없는 거주 지역으로의 인구 이동은 이미 심각한 문제를 야기하고 있다. 이러한 지역은 종종 접경 국가들 사이에서 극심한 분쟁이 야기되고 외부 세력들이 그곳에 있는 정치적 파벌들의 재화를 보장해 주고 있는 경우가 많다. 반면에 일반적으로 이러한 지역은 상대적으로 크기가 작고 대개 주권과 관련된 문제가 발생하지 않기 때문에, 이의 유지 관리 측면에서 여전히 약간의 이점이 있다. 마지막으로 중립화의 대상이 국가일 때는 그 유지 관리에 훨씬 더 큰 문제들을 야기한다. 정보 수집 및 접근과 같은 문제에 영향을 미치는 주권 및 정치적 민감성과 관련된 어려움, 중립국 체제를 변경하려는 내전, 내부 격변의 결과에 영향을 미치려는 다양한 유형의 외부 개입 등의 문제이다.

유지 관리의 전망에 영향을 미치는 또 다른 환경 요인은 외부의 정치적 구조이다. 일반적으로 대외 정치의 구성이 호의적이라면, 중립 지역 내에서 광범위한 격변이 일어나더라도 국제적 맥락에서 중립화 장치의 기능을 위태롭게 하지 않을 수 있다. 이와 유사하게 외부 세력은 일반적으로 중립화 지역 내 조건 없이 중립화 협정을 파괴할 수 있는 능력이 있다. 이러한 외부적 조건의 영향을 평가할 때 몇 가지 일반적인 요소가 관련된다. 일정한 국제 체제 아래에서 공동체의 효율적 통치의 수준은 유지 관리의 중요한 결정 요인이 되기 쉽다. 근본적으로 이질적 요소로 구성된 공동체보다 동질적으로 구성된 공동체에서 유지 관리의 가능성이 더 높다.[3] 이 외에도 정치적 환경이 혁명적 상태에서 진정된 상태로 이동함에 따라 중립화의 성공 가능성이 높아지는 경향이 있다.[4] 중립화는 어느 정도 경쟁적인 환경에서는 성공할 수 있지만, 극단적인 수정주의(정치 체제의 전면적 변혁)은 그 성공 가능성을 약화시킬 것이다. 더욱이 외부 세력이 이용할 수 있는 외교적, 군사적 기술의 종류에 따라 유지 관리가 민감해지는 경향이 있는데, 이 기술이 중립화 지역에 대한 개입의

---

3 Raymond Aron, *Peace and War* (Garden City, 1966), 99-104.

4 Stanley Hoffmann, *Gulliver's Troubles, or the Setting of American Policy,* published for the Council on Foreign Relations (New York, 1968), 17-21.

용이성에 영향을 미치기 때문이다.

유지 관리의 전망에 대한 외부 환경의 영향은 외부 세력이 개입하는 유형의 측면에서 구체적으로 논의될 수 있다. 군대를 동원해 인정된 경계선을 넘는 직접적인 개입은 그것이 눈에 잘 띄고 국제 여론이 강하게 반발하기 때문에 상대적으로 통제 가능하다. 그러나 두 가지 다른 형태의 개입은 중요한 문제를 야기하기 쉽다. 첫째, 간접 개입은 그것이 취할 수 있는 다양한 형태, 가시성 및 모호성 문제, 다양한 형태의 간접 개입과 관련된 안정화된 규범의 부족 등으로 인해 주된 문제를 제기한다. 둘째, 공동체의 이질성과 국제정치의 이데올로기적 무절제는 종종 일방적 개입을 경쟁적 개입으로 바꾸어 중립화 협정 유지에 장애가 된다.

중립화 유지에 영향을 미치는 세 번째 상황 요인은 중립화 지역의 내부적 조건에 관한 것이다. 중립화는 그 지역의 내부적 정치나 행정을 통제하거나 매개하는 것을 목표로 하지 않는다. 그럼에도 불구하고 내부적 문제는 그 협정의 유지에 강력한 영향을 미치기 쉽다. 잘 통합되고 정치적으로나 사회적으로 안정된 중립국은 1914년 독일의 벨기에 공격과 같은 직접적인 무력 공격이 있거나 해당 지역에서 전면전이 발발하는 경우를 제외하고는 외부 환경에 관계없이 중립 상태를 유지할 수 있다. 반면에 광범위한 내부적 격변을 겪고 있는 중립국은 외부의 개입이 있기가 쉽고 그러한 침입으로부터 스스로를 효과적으로 보호할 수도 없다.

결과적으로 가능한 상황들은 다양한 스펙트럼을 보여 준다. 스위스의 중립화는 두 차례의 세계 대전을 제외하고는 거의 심각한 도전을 받지 않은 반면, 라오스의 중립화는 반복적으로 발생한 외부 개입에 의해 지속적으로 위협받았다. 그리고 오스트리아와 캄보디아 사이의 중간적 사례는[5] 절대적인 안정과 본격적인 내전 사이의 스펙트럼에서 국내 문제와의 관련성을 나타낸다. 그러나 현대에 와서는 중립화 대상 국가 중 다수가 광범위한 내부적 문제를 안고 있다는 사실을 중립화 체제 유지의 전망을 평가하는 데 있어 큰 어려움으로 고려해야 한다. 특히 노골적이고 장기화된 내전은 외부 개입을 용이하게 하는데, 소수민족들이나 조직적인 반정부 운동들이나 전면적 내전에서의 교전 세력들을 옹호하면서 외부 세력이 개입할 동기를 높인다는 점에서 중립화 협정의 유지에 심각한 도전이 된다.

마지막으로 중립화 후보지인 많은 지역에는 경계선 문제가 성공적인 유지 관리에 심각한 장애가 되고 있다. 많은 사람이 국경선을 잘못 정의하거나 구분하고 있고, 이웃 지역과 분쟁을 벌이고, 멀리 떨어져 있어 도달하기 어렵고, 사람과 상품의 이동에 보이지 않는 구멍이 뚫려 있고, 계절적 또는 주기적으로 종족 집단이 유입되고, 지배적인 정부에 의해 완전히 통제되거나 관리되지 않거나 강대국에 인접해 있는 등의 문제들을 노출하고 있다. 이러한 모호성 중 많은 부분이 유럽에서는 명확해졌지만, 아시아와 아프리카 전역에서는 여전히 크게 드러난다. 그리고 이러한 여러 가지 문제가 동시에 존재하는 라오스의 경우 중립화 장치의 유지를 보장하기가 극히

5 기술적인 면에서 오스트리아와 캄보디아는 예외적으로 자발적인 중립국이다. 그럼에도 불구하고 두 경우 모두 중립화 논의와 상당한 관련이 있다.

어렵다. 이러한 상황에서 불법적인 외부 개입에 대한 명확한 통제의 가능성은 말할 것도 없고, 이를 추적, 정의 및 평가될 수 있는 여부가 종종 의문시된다. 이러한 경우 광범위한 통제 장치가 필요한 것은 명백하다. 그러나 바로 이러한 경우가 통제 장치를 성공적으로 설치하고 작동하는 것이 매우 어려운 곳이다. 접근성, 정보 획득 및 단편적인 증거 해석에 관한 라오스의 경험이 지적하듯,[6] 광범위한 경계선 문제로 둘러싸인 지역의 현실적 특성을 확인하기조차 어렵기 때문이다.

통제 장치의 역할

유지 관리의 일반적인 문제와 중립화의 유지 관리를 위한 통제 장치의 특정한 역할을 구별하는 것이 중요하다. 일반적으로 유지 관리는 중립화 협정이 구현되고 효과적으로 유지되는 정도를 나타낸다. 앞에서 논의된 환경 요인의 구성에 맞물려서 경우에 따라 구체적인 통제 장치를 사용하거나 사용하지 않는 유지 관리 문제가 발생할 수 있다. 다른 한편으로 통제 장치는 중립화 협정이 기능할 수 있는 국제정치의 호의적인 환경을 대체할 수 없다. 합의의 주요 당사자가 협약을 유지하는 데 충분히 관심이 있다면 통제 장치는 중요하지 않을 수 있다. 예를 들어 스위스는 1815년 이래 통제 장치가 전혀

---

6 Denis Warner, "A Cautionary Report on Laos," *The Reporter* XXXIII, no. 10 (December 2, 1965): 85-88.

없는 상태로 중립을 지켰다. 그러나 주요 당사자가 합의를 유지하는 데 상당한 동기가 없다면 아무리 많은 장치를 사용해도 이를 이룰 수 없다. 예를 들어 라오스에서 통제 장치의 사실상 역할은 1962년 제네바 협정에서 부여한 중요한 공식적 기능에도 불구하고 매우 제한적이었다.[7]

그럼에도 불구하고 이러한 양극단 사이에 통제 장치가 중립화의 유지에 중요한 역할을 할 수 있는 중간 영역이 있다. 주요 당사자가 극도의 이중성과 합의의 성공에 대한 완전한 확신 사이에서 혼합된 동기를 가지고 있을 경우, 협상 단계와 합의의 이행 단계 사이에서 합의를 준수할 동기의 구조가 변화할 경우 그리고 이행 단계에서 모호성이 발생하여 신속하고 원활하게 처리되지 않으면 신뢰를 약화시킬 수 있는 경우에 특히 이러한 통제 장치가 관련성을 갖기 쉽다. 이 중간 지점에서 통제 장치의 역할에 대한 몇 가지 예는 여기에서 논의하는 계획을 확정하는 데 도움이 될 것이다.

우선 중립화 협정을 이행하려는 노력 그 자체가 협정의 전반적인 실행 가능성에 영향을 미치는 어려움과 모호성을 생성할 가능성이 있다. 이러한 종류의 문제들에는 중립화 협정에 따른 의무에 대한 다양한 해석(예: 간접 개입 개념의 적용 범위), 사건에 대한 상충되는 인식 및 평가, 우발적 또는 부주의한 행위, 피고인이 부인하는 위반 혐의, 경계를 넘나드는 시험적 행위 등이 포함된다. 이 모든 경우에

---

7 1962년 협정의 관련 조항에 대해서는 George Modelski, "International Conference on the Settlement of the Laotian Question, 1961~1962" (Canberra, 1962).

능동적 통제 장치는 엄중한 정치적 대치에 도달하기 전에 문제를 해결하거나 최소한 완화시킬 수 있다.

마찬가지로 부정행위라고 느슨하게 정의될 수 있는 문제가 있다. 주요 당사자가 중립화 협약이 완전히 무너지지 않는 것에 상대적으로 강한 동기가 있다면 명백한 부정행위가 발생하지 않을 것이다. 그러나 한 지역을 중립화하기로 한 합의가 경쟁적 이해관계를 완전히 몰아낼 것 같지는 않다. 당사자는 해당 지역에서 자신의 특정 이익을 계속 추구하면서 동시에 중립화 협정의 이점을 얻기를 희망할 수 있다. 이러한 상황에서 부정행위는 가시성이 낮고, 그에 대한 제재는 미미하며, 상대방이 제동 거는 등의 대응을 하지 않을 때 일어날 가능성이 높다. 그러한 경우 때때로 통제 장치는 정치적으로 문제될 만큼 충분히 광범위하게 발생하여 통제 장치의 존재 여부에 관계없이 중립화 협정을 방해할 정도로 명백한 부정행위에 대하여 최소화할 수 있다.

통제 장치의 역할이 기능하는 세 번째 영역은 재보장의 문제와 관련이 있다. 중립화 협정에 참여하는 사람들이 가지고 있는 다양한 두려움, 불안, 혼합된 동기 등을 감안하여 이에 대응하기 위해서는 일반적으로 보장과 피보장의 당사자들 모두의 권리가 적절하게 유지되고 있음을 보장하는 수단을 제공하는 것이 바람직하다. 그러한 보장은 예를 들어 중립 지역 내에서 이념적 의미를 내포한 내전이 발발하는 경우에서 발생할 수 있는 긴장이나 위기 상황에서 특히 필요하다. 마찬가지로 위에서 논의한 경계선 문제는 재보장의 필요가 있는 불안정한 모호성을 생성하기 쉽다. 일반적으로 중립 지역의 해당 장소에 완전히 접근할 수 있는 통제 장치는 중립화 협정의 실행 가능성을 유지하는 데 중요한 역할을 할 수 있다.

시간이 지나면서 정치 세력들의 역동적인 작동에 따라 다른 문제들이 파생된다. 중립화 협정의 초기적 이행이 상당히 실현 가능한 경우에도 원래 구축된 정치적 동기의 균형이 크게 바뀔 수 있음을 예상해야 한다. 상황이 변화하면서, 위반을 초래하고, 은밀한 부정행위가 일어나며, 중립화 협정의 전반적인 실행 가능성에 의문을 제기하는 행위가 조장될 수 있다. 여기에서 통제 장치는 중립화 협정을 준수하려는 동기와 정치적 이점 사이의 균형을 잡는 데 있어서 적어도 단기적인 변화를 극복하는 데 도움이 될 수 있다. 특히 그러한 장치는 변화하는 외부의 정치적 환경으로부터 중립 지역을 물리적으로 격리하고 위반자를 난처하게 만들 때까지 특정 위반 사항의 가시성을 높이는 데 도움이 될 수 있다.

일반적으로 중립화의 역사에서 통제 장치에 대한 경험은 거의 없었다.[8] 19세기의 중립화에 따른 협정들에서 공식적인 통제 장치는 거의 전무했다. 그러한 관련 사항들이 유럽 협조 체제(Concert of Europe, 1815)의 권한 내에 속하는 것으로 간주되었지만, 스위스, 벨기에, 룩셈부르크에서 공식적인 통제 기구는 설립되지 않았다. 그러나 현대에는 국제정치에서 국가를 관리하는 기술로서 중립화의 잠재적 유용성을 고려하는 데 있어 통제 장치를 숙고해야 할 강력한 이유가 있다. 첫째, 19세기 유럽이라는 상대적으로 균질한 체제에서

8 David W. Wainhouse, *et. al., International Peace Observation* (Baltimore, 1966).

현대의 글로벌 체제로의 전환은 국제 체제에서 상호작용의 기반이 되는 효과적인 공동체의 수준을 축소시켰다. 둘째, 이데올로기의 부각은 현대 국제정치의 온건성에 의문을 제기하고 있다. 셋째, 현시점에서 중립화를 위한 후보 중 다수는 간접적인 개입을 불러일으킬 수 있는 내부적 생존 능력의 여부 및 내전이라는 광범위한 문제를 안고 있다. 넷째, 현대 국제정치의 기본 양식은 통제 장치의 사용을 선호하는 경향이 있다. 정치가들이 국제기구의 효용을 거의 강조하지 않는 현대에 있어서 적어도 일반적인 조항으로서 모종의 통제 장치에 대한 조항이 공식적인 중립화 협정에 포함될 가능성이 높다.

관찰 및 감시 또는 집행

통제 장치의 잠재적인 기능은 가장 제한적인 정보 수집에서부터 가장 광범위한 구속력 있는 결정을 내리고 실행하는 것까지 다양하다. 이 연구의 목적을 위해 가장 중요한 구별은 관찰 및 감시를 집행과 구분하는 것이다. 이러한 구분의 핵심은 강제성의 역할이다. 관찰과 감시는 종종 설득으로 촉진될 수 있지만 조직적인 강제성을 사용하지는 않는 활동이다. 중립화의 맥락에서 이러한 활동은 주로 대규모 위반이 발생하지 않는 기간과 관련된다. 그러나 집행이란 위반행위를 종식시키거나 중대한 위반행위로 인해 파괴된 세력의 균형을 바로잡기 위해 조직적인 강제적 압력을 가하는 것을 의미한다. 따라서 집행은 관찰 및 감시보다 더 광범위하고 까다로운 기능이다.

일반적으로 집행은 관찰이나 감시보다 더 높은 수준의 권한, 보장국 간의 더 광범위한 합의, 더 큰 물리력 및 더 심각한 주권 침해 등이 필요하다. 따라서 중립화 협정의 주요 당사자들은 일반적으로 집행을 위한 효과적인 장치나 절차에 동의하는 것보다 감시 혹은 감시 시설을 설치하는 게 더 쉽다는 것을 알게 될 것이다. 사실 인도차이나의 국제통제위원단(International Control Commissions)이나 한국의 중립국감시위원단(Neutral Nations Supervisory Commission)의 경우 및 여타 유엔이 수행한 다양한 평화유지 작전들 사례에서 드러나듯이, 강제적 집행에 대한 국제적 경험은 더 광범위한 관찰과 감시의 노력에 비해 상대적으로 덜 축적되었던 사실을 알 수 있다.

동시에 관찰 및 감시 기능과 집행 기능 사이의 의미 있는 연관성을 강조하는 것이 중요하다. 1956년 이후 시나이반도에서 이집트와 이스라엘 관계에서 보여 주듯이, 관찰과 감시를 통해 명백하고 조직적이고 폭력적인 도발에 근접하는 심각한 위반의 기회를 줄일 수 있었다.[9] 그리고 은밀하거나 모호한 상황에서 국제 협약을 위반해서는 안 되는 당사자들이 전체적으로 위반을 자제하는 상황을 많이 볼 수 있다. 그 결과 이러한 종류의 장치는 위반을 억제하는 경향이 있다. 위반 사항을 관찰하고 확인하는 것은 효과적인 집행을 위한 중요한 선행 조건이다. 위반에 대해 합리적으로 정확하고 공정한 판단을 내리는 것이 불가능한 경우, 집행이 전혀 이루어지지 않거나 전반적인 중립화 협정을 저해하는 방식으로 집행될 수 있기 때문이다.

---

9 E. L. M. Burns, *Between Arab and Israeli* (Toronto, 1962).

관찰과 감시

개략적으로 관찰 및 감시의 장치로 수행되는 활동은 매우 다양할 수 있다. 그러나 약간 더 추상적인 용어로 이러한 활동을 일반적으로 함께 묶는 몇 가지 주요 주제 또는 실마리를 식별할 수 있다. 첫째, 이러한 종류의 장치는 일반적으로 관찰 중인 영역에서 실상의 본질에 대한 권위 있는 성격 규정을 제공하도록 설계되었다. 이 역할은 '사실 찾기'라는 다소 단순한 개념을 제시하는 것보다 훨씬 더 중요하다. 현실은 항상 지각을 통해 걸러지고, 지각은 개념, 이미지, 가정, 성질 등등에 의해 형성되기 때문에, 이러한 종류의 활동은 관찰 장치가 접근 문제로 인해 방해받지 않는 경우에서도 대개는 다소 미묘해진다.

둘째, 관찰과 감시는 관련된 처방을 실제와 잠정적으로 일치시키려는 시도이다. 최종적 일치는 다른 분야의 정치가에게 맡기는 경우가 많지만, 이러한 종류의 일치를 위한 토대를 마련하기 위해 현장의 장치가 거의 필연적으로 작동한다. 그러나 이러한 노선에 따른 활동은 또한 국제정치에서 규범적 처방이 종종 모호하거나 희미하기에 섬세해지기 쉽다. 따라서 현실과 처방을 일치시키는 데는 상당한 선택의 여지가 개재한다.

셋째, 감시는 시간이 지남에 따라 승인되는 준비 과정에 또는 실행 과정의 준수를 확인하는 데 필요한 정보의 수집을 포함한다. 따라서 감시 활동에는 사전에 이루어진 협약과 가까운 조건으로 규정된 표준을 현장에서의 실제 상황과 일치시키는 것이 포함된다.

따라서 일반적으로 관찰 및 감시의 장치는 정보 및 지식의 획득 및 활용에서 파생될 수 있는 영향에 초점을 맞추는 경향이 있다.

중립화 협정의 유지와 관련한 관찰 및 감시에서 가장 중요한 문제는 공평성 문제에 중점을 두는 것이다. 공평성과 중립성을 구별하는 것이 중요하다. 논의 중인 장치는 중립화 협정의 당사자 간의 정치적 균형에 전혀 영향을 미치지 않는다는 공식적인 의미에서의 진정한 중립성을 달성할 수는 없다. 그러나 그것은 어느 당사자나 어느 일방의 유리함을 의식하는 편견을 배제하고 운영한다면 상당한 정도의 공평성을 달성할 수 있다. 공평성은 주어진 일련의 통제 절차와 관련하여 발전하는 공식적 및 비공식적 통제의 기능이며, 합의의 기초가 되는 지배적인 정신 또는 규범적 기반의 기능일 가능성이 높다. 결과적으로 대부분의 구체적인 사례에서 결정적인 문제는 앞 문단에 요약된 작업을 수행하는 데 있어 효율성을 모두 희생하지 않고 합리적인 수준의 공평성을 달성하려는 노력이다. 요령은 용납할 수 없는 편견과 마비 상태라는 두 가지 위험 사이에서 실행 가능한 균형을 맞추는 것이다.

이러한 분석의 틀 안에서 관찰과 감시의 활동은 여러 가지 특정한 문제를 다루게 된다. 중립화의 근본적인 특성을 고려할 때, 이러한 종류의 활동은 일반적으로 해당 지역의 내부적 정치에 영향을 미치기보다는 외부의 개입을 최소화하는 데 초점을 맞춘다. 통제 장치의 구축과 관련된 특정한 문제 영역을 아래에서 언급할 가치가 있다.

구성원

관찰과 감시 기관의 구성원 자격은 공평성의 가능성에 직접적인 영향을 미치기 때문에 중요하다. 이러한 종류의 조직 구성원으로서의 개인과 국가의 상대적 장점에 대한 논쟁이 오랫동안 있어 왔다. 그러나 현시점에서 가장 논란이 되는 이슈는 트로이카 원칙(세 가지 다른 역할을 부여하는 3중적인 기구의 구성)에 관한 것이다. 한국의 중립국감시위원단과 인도차이나 통제위원단의 경험에 따르면 인력의 통제 장치에 이 원칙을 사용하면 운영의 마비로 이어지기 쉽다. 구성원의 자격은 고위급 협상에서 발생하는 문제를 직접적으로 반영하는 경향이 있다. 그러나 동시에 정치적 편향에 대한 우려가 현시기에 너무 강하기에, 구성원 자격의 다른 원칙에 대한 동의를 얻는 것이 대개는 불가능하다는 것이 입증되었다.

의사 절차

마찬가지로 관찰과 감시 기관에서 사용하는 의사 절차들에 관한 문제는 공평성과 효율성에 결정적인 영향을 미친다. 가장 명백한 사례는 트로이카 원칙을 강화하거나 회피하기 위해 고안된 투표 방식에 관한 것이다. 그 밖에 회의 의제의 준비, 사실조사의 방법, 상급 기관에 대한 항의의 가능성을 포함한 절차들도 이 분야의 효율성과 공정성에 영향을 미친다. 핵심은 제한된 수의 적대자들 사이에서 본질적인 협력 활동을 수행하는 것이다.

접근성과 물리적 능력

중립화 협정하에서 의미 있는 관찰 및 감시를 위한 필수 요건 중 하나는 중립화 지역에 대한 적절한 접근 가능성이다. 이것은 특히 저개발 국가와 외딴 지역에서 운송 및 통신과 같은 물리적 수단의 문제다. 그러나 라오스의 경험에서 알 수 있듯이, 이는 정치적 협력의 문제다. 접근성과 관련된 문제는 국가가 장기간의 내전을 겪고 있거나 사실상 여러 파벌로 분할되어 있을 때 특히 심각하다.

재조사 장치

의견이 서로 일치하지 않는 지역 당사자들이 현장 기관의 조사 결과를 따르기를 거부하거나, 통제 문제로 인해 더 높은 수준의 권한 행사가 필요한 경우 현장의 관찰과 감시 조직이 항소할 수 있는 어떤 권한 구조에 대한 실질적인 필요성이 자주 제기된다. 이와 유사하게 현장의 자체 결정에 의존하라는 압력을 줄이기 위해 중립화 협정 그 자체에서부터 당사자들이 분쟁 문제를 상급 기관에 항소할 수 있는 길을 마련해 두는 것이 바람직한 경우가 있다. 1954년 제네바 협정에 따라 설립되고 1962년 제네바 협정에서 라오스와 관련하여 공식화된 공동의장 제도는 이러한 취지에서 구상되었으나, 공동의장이 국제통제위원단 자체의 정치적 분파를 반영하는 경향이 있었기 때문에 이는 부적절하다고 판명되었다. 동시에 과도한 심의 절차에 의존하여 현장 조직의 권위를 훼손하지 않도록 항소의 진행 절차에 대한 적절한 제한을 두는 것도 중요하다.

지역 분쟁의 해결

관찰 및 감시의 기구는 논쟁적인 문제를 실질적으로 해결하는 데 깊이 관여하도록 설계되지 않았다. 그럼에도 불구하고 중립화 협정으로 인해 발생하는 많은 분쟁과 주장은 특히 초기 단계에서 처리되는 경우 현지에서의 해결로 이어질 수 있다. 이는 중립화 협정에 관련된 국가 간의 분쟁과 그리고 불법적인 외부 개입에 대한 주장과 관련된 경계선 상황에서의 의견 불일치 등 모두에 적용된다. 실제의 분쟁 현장으로 신속하게 이동할 수 있는 관찰 활동과 통합된 장치는 경직된 국제적 대결의 대상이 되기 전에 지역 자체에서 많은 분쟁을 해결할 수 있다. '혼합정전위원단'(mixed armisticc commissions, MACs)의 활동에서나 이스라엘과 여러 아랍 국가 간의 일반정전협정하에서 이들 위원단과 '휴전감시기구'(UN Truce Supervision Organization, UNTSO) 사이의 관계에서, 그러한 운영에 대한 중요한 선례를 찾아볼 수 있다.[10]

특정 사례에 임하여 위에서 논의된 문제 영역에 접근할 수 있는 다양한 방법이 있는 것처럼, 관찰과 감시의 장치를 구성하는 데 여러 가지 구조적 장치가 사용된다. 이러한 각각의 구조적 형태는

---

10 MAC의 정확한 기능은 일반적인 형태가 없어서 정확하게 파악하기 어렵다. David Brook, *Preface to Peace* (Washington, D.C., 1964).

관찰 및 감시와 관련된 문제에 대해 나름의 함의를 가지고 있다.

국가 조직

특히 군비 통제 협정과 관련하여 때때로, 제안된 바와 같이, 중립화 협정의 유지에 필요한 대부분의 일상 활동을 해당 중립국 또는 그 지역의 인접 국가들에 위임하는 것이 가능하다. 결과를 산출하는 작업에는 약간의 외부 자금을 조달할 필요는 있겠지만, 해당 지역의 민족적, 문화적, 정치적 특성에 익숙한 현지의 인사들이 산하 직원을 배치하는 이점이 있다. 또한 이러한 조치는 현지 운영에서의 실패 또는 편견에 관한 항의를 처리하도록 설계된 외부의 검토 절차로 보완될 수 있다. 그럼에도 불구하고 이 대안은 편파성, 접근성 및 진실성 문제로 인해 심각한 내부 격변이나 지속적인 내전으로 고통받는 지역에서는 실현이 불가능할 가능성이 매우 높다.

자율적 국제기구

보조 조직이 거의 없는 국가들 대신에 개인들로 구성된 국제적인 관찰과 감시 기구를 설립하는 것도 가능하다. 이러한 노선에 따른 조치는 매우 저렴한 비용으로 수립될 수 있고, 다양한 선행 문제를 참조하지 않고 비교적 표면적인 조건에서 협상될 수 있으며, 보장인 간의 지속적인 협의의 필요성을 피하여 자율적으로 실행될 수 있기에 일정량의 정치적 매력을 가지고 있다. 간단한 상황에서 이러한 종류의 조치는 중립화 유지에 필요한 최소한의 작업을 처리하는 데 적합할 수 있다. 다른 한편으로는 그러한 기구는 국제무대에서 실질적인 정치적 지원의 기반이 없고, 고위 당국에 호소할 기회가 거의 없으며, 조직 자체 안에 내부 문제를 해결하기 위한 지침이 거의 없기에 많은 경우에 부적절하기 쉽다.

특별 국제기구

한 걸음 더 나아가 특화된 국제기구를 보다 실질적인 규모로 구축할 수 있다. 자율적인 국제기구와 달리 이러한 기구는 국가를 구성원으로 포함한다. 따라서 이러한 유형의 체제는, 예를 들어 다뉴브 위원단(Danube Commission) 또는 1888년 콘스탄티노플 협약(Constantinople Convention)의 조건에 따라 수에즈 운하의 운영을 위해 설립된 기구와 같은 방식으로 기능적으로 특화된 운영이 될 것이다. 이는 아마도 '유엔 헌장' 제8장의 조항들과 양립할 수 있으면서도 기존의 지역 조직과 유엔 모두로부터 독립적일 것이다. 이러한 특별 국제기구는 앞 문단에서 논의된 자율적 기구의 운영에서의 어려움을 줄여줄 것이다. 그러나 자율적 기구에만 기반을 둔 조치의 초기적 이점인 값싼 대가에 비해서 상당히 비싼 대가를 치러야 이러한 이점을 달성할 수 있다.

유엔의 조치

네 번째 대안은 유엔의 후원 아래 능력과 성실성이 인정된 외부의 개인이나 국제 공무원을 중립화 기구에 배치하는 것이다. 이러한 조치의 이점에는 심각한 정치적 교착 상태에 대한 전망의 감소, 상대적 탈정치화, 군사 간부의 모집 및 훈련 과정 개선의 가능성이 포함된다. 그럼에도 불구하고 UN의 개입은 특정 상황에서는 거의 확실히 용납될 수 없다. 현재 중국이 그렇듯이 중립화 협정의 주요 당사국이 일반적으로 유엔에 적대적이었다면 유엔의 개입은 결코 심각히 고려되지 않았을 것이다. 더욱이 유엔의 개입은 기구 운영의 효율성을 희생시키면서 정치적 수용성을 선호해야 하기에 이 경우에 불리한 것으로 판명될 수 있다.

특정 사례에서 선택할 수 있는 다양하고 구체적인 형태의 관찰 및 감시 방안이 있다는 것은 분명하다. 더욱이 특정 상황의 요구 사항과 특정한 장치를 일치시키는 능력이 중립화 협정에서 중요할 가능성이 높다는 데는 의심의 여지가 없다. 그러나 공평성과 효율성이라는 쌍둥이 문제는 이러한 모든 특정 문제와 대안의 근간을 이루고 있다. 요컨대 당면한 문제에 대한 결정은 언제나 중립화의 특정 사례에서 과도한 편파성과 극도의 마비 상태를 피하는 데 성공했는지 여부에 따라 평가받을 수 있다.

집행

집행 문제로 옮겨가면 훨씬 더 어려운 영역으로 들어간다. 공식적인 집행 조항이 때때로 국제적 협정에 포함되기는 하지만,[11] 현대의 국제 체제에서 중립화 협정을 유지하려는 목적과 관련된 집행 절차를 적용한 경험이 거의 없다. 더욱이 과감한 집행을 요구하는 협정은 일반적으로 해당 현장에서 벌어지고 있는 정치적 발전의 측면에서 무너지고 있거나 구식이 되는 과정에 있기 마련이다. 이러한 이유로 과감한 집행 협정이 중립화 유지의 주요 요소를 구성하지 않는다고 결론 내리는 것이 적절해 보인다.

그럼에도 불구하고 제한적으로 마련된 다양한 집행 협정은 중립화 협약 당사자 간에 제한된 적대행위자 측면에서 발생하는 위반을 억제하고 통제할 수 있다. 그러나 제한적인 집행 협정이라도 일방적인 자체 해결 방안의 수준을 넘어서기 위해서는 몇 가지 전제 조건이 필요하다. 앞에서 언급한 바와 같이 위반 혐의를 확인하기 위한 장치는 조율된 집행에 필요한 선행 조건이다. 또한 집행을 위해서는 위반에 연루된 당사자와 지역 모두에 비교적 신속하게 적용될 수 있는 정치적 및 물리적 능력이 필요하다. 이것이 반드시 상시적 인원 배치를 의미하지는 않지만, 구체적인 상황에서 동원이 용이하기 위해서는 어느 정도의 사전 계획이 필요하다. 마지막으로 조율된

---

11 그러나 이러한 조항은 협정을 심각하게 위반하는 경우 필요한 모든 행동을 취하겠다는 보장국의 일반적인 서약을 넘어서는 경우는 거의 없다.

집행을 위해서는 모종의 협의 절차가 필요하다.

중립화 협정의 보장국들이 서로 근본적으로 일치하는 경우, 일반적으로 집행의 전제 조건이 충족될 수 있으며 집행에 따르는 문제점은 경미한 경향이 있다. 그러나 실제 사례에서 중립화는 해당 지역에서 중요하고도 지속적인 경쟁적 이해관계를 가진 당사자들 간의 제한된 합의만을 나타낼 가능성이 높다. 따라서 집행에는 어려움이 따르기 쉽다. 위반 혐의와 관련된 사실의 모호성이나 불온한 사태 발전에 대한 궁극적인 책임 소재에 관한 분쟁을 모두 해결하는 것은 종종 불가능하다. 정치적 편향, 규범적 모호성, 선택적 인식의 복잡성으로 인해 실제 사건의 성격을 특정하는 문제는 종종 정치적 조정이기보다는 경직된 대립으로 이어진다. 이러한 문제는 위반 혐의자가 다른 외부 국가 혹은 중립국 자체가 아니라 보장국 중 하나일 때 더욱 파괴적이다. 따라서 보장국들 보다 상위의 권위가 없는 경우, 협약의 전체적 구조를 결정적으로 방해하지 않고 중립화 협약의 특정 조항을 시행하는 것이 불가능한 경우가 많다.

이러한 문제는 두 가지의 추가적 고려 사항을 제기한다. 첫째, 공동의 집행 행동에서 일방적 집행 행동으로 전환할 가능성이 이 지점에서 중요해진다. 그러한 절차는 때때로 임시적 조치(ad hoc)로서 바람직할 수 있지만 심각한 어려움을 야기하는 경향이 있다. 일방적인 행동에는 극단적인 편파성의 문제가 제기되고 종종 중립화 협정에서 방지하도록 고안된 경쟁적 개입의 위험으로 회귀하는 사실상(de facto)의 전조가 된다. 따라서 그러한 행위는 중립화 협정을 시행한다는 구실하에 중립화 협정을 파괴하는 경향이 있다. 둘째,

개별 국가 측에서 행동의 자유를 재개하기 위한 면책 조항 및 장치를 고려하는 것이 중요하다. 이 방식을 실제로 개발할 때 특정 사례에서의 붕괴를 의미할 수도 있다. 그럼에도 불구하고 다른 당사자에 의한 광범위한 위반이 발생한 후에도 합의를 준수하려는 당사자가 심각한 불이익을 받을 수 있기에 면책 조항은 중립화 합의에 대한 원천적인 수락을 위한 중요한 요소가 될 수 있다.

관찰과 감시 장치와 마찬가지로 광범위한 집행을 위한 조항들이 있을 수 있다. 집행 장치는 상시적인 것으로 계획되거나 비상 계획으로서의 잠재적인 장치로 공식화될 수 있다. 모든 보장국의 통합적 행동을 요구한다는 의미에서 완전히 집단화된 조치로 시행되거나 일종의 부분적 공동 행동(joint-and-several)을 활용하여 분산화된 조치로 시행될 수 있다. 아니면 한시적 특별 기구를 만들어 집행 절차를 수행하거나 유엔 헌장에 의해 설정된 집단행동의 틀에 묶을 수도 있다. 더욱이 대략적인 의미에서 이러한 방식의 변형은 구체적인 사례에서 집행 절차의 유용성에 중요한 영향을 미친다. 어떤 경우에는 상시적 군사력이 너무 많은 합동 계획을 수행할 수 있으며 또는 초기 단계에서 위반을 종식시키기에는 비상사태에 대한 준비가 충분한 속도로 동원되는 것이 불가능할 수 있다. 마찬가지로 집단화된 협정은 만장일치 투표 원칙이나 소수의 거부권에 의해 마비될 수 있는 반면, 공동행동에 관련된 여러 절차는 종종 정치적 편향성을 보인다거나 비합법적인 자체 해결이라는 혐의를 받게 된다.

구체적인 집행 조항에 대한 이러한 모든 대안은 다양한 맥락에서 오랫동안 논의되어 왔다. 그러나 보다 일반적인 수준에서는 제한된 집행 활동이 중립화와 관련하여 유용할 수 있지만, 과감한 집행이 필요한 상황에서 집행의 실천은 사실상 협정의 중단이라는 비상사태에 대한 전조로 이어지는 경향이 있다는 점을 인식하는 것이 중요하다. 이 지점에서 두 가지의 추가적 결론이 나온다. 대부분의 경우 일단 위반이 광범위하고 복잡해지면 위반을 방지하는 것이 위반을 억제하는 것보다 나은 경향이 있다. 무엇보다도 이 결론은 관찰 및 감시 장치의 중요성을 강조하는 경향이 있다. 또한 성공적인 집행은 집행 조치를 수행하기 위해 수립된 구체적인 장치보다 더 근본적으로 정치적 구성의 기능이라고 가정할 충분한 이유가 있다. 구체적인 장치의 변화가 일정한 영향을 미칠 수 있지만, 그러한 장치는 중립화가 초기에 수용되어 시간이 지남에 따라 적어도 부분적인 협력을 기반으로 계속 허용되는 정치적 환경의 존재를 대체할 수는 없다.

결론

유지 관리의 문제는 국제정치에서 강대 세력을 관리하기 위한 장치로서 중립화의 유용성을 평가하는 데 매우 중요하다. 그러나 주어진 중립화 협정의 정확한 세부 사항과는 대조적으로 다양한 형태의 부분적 유지 관리를 생각하는 것이 중요하다. 일반적으로 중립화 협정이 수립되는 전반적인 정치적 환경이 중립화가 성공적으로 유지될 가능성을 결정한다. 여러 상황적 요인이 정치적 환경에 기여한다. 중립 지역에 대한 관심을 가진 외부 세력 간의 정치적 관계 구성, 중립 지역의 내부적 성격과 정치적 문제, 개입을 유도하는 다양한 경계선 문제의 존재 등이다.

중립화 장치의 유지 관리에 대한 일반적인 개념과 통제 장치의 보다 구체적인 개념 사이에는 큰 차이가 있다. 과거에는 중립화와 관련하여 공식적인 통제 장치가 거의 사용되지 않았기 때문에 현재의 노력에 도움을 주는 이전의 경험은 상대적으로 적다. 그러나 통제 장치가 현대의 중립화 협정의 성공에 더 중요할 수 있다고 가정할 수 있는 강력한 이유가 있다. 글로벌 시스템의 정치적 이질성, 현대 국제정치의 무절제적 요소, 중립화 후보의 내부적 생존 가능성의 부족 등은 효과적인 통제 장치가 필요함을 보여 준다. 그럼에도 불구하고 바로 그러한 요소들이 중립화 협정과 관련한 통제 장치를 설치하고 사용하는 데 심각한 장애가 되는 경향이 있다. 따라서 가까운 미래에 있어서는 집행과 관련된 보다 확장된 작업보다는 관찰과 감시의 절차와 관련된 상대적으로 제한된 작업이 더 달성하기 쉬울 것이다.

7장 중립화
: 결론의 생각들

마지막 장에서는 세 가지의 명백한 목표를 달성하려 한다. 첫 번째는 오늘날 세계에서 잠재적으로 유용한 도구로서의 중립화에 관한 주장들을 요약하는 것이고, 두 번째는 중립화가 남베트남보다 일반적으로 동남아시아의 평화와 안전에 어떻게 기여할 수 있는지를 알아보고 결론을 설명하려는 것이며, 세 번째는 중립화 국가들과 국제기구 간의 관계에 대한 몇 가지의 제안을 제시하려는 것이다.

현대 세계에서 중립화

국제적 실정과 중립화에 대한 몇 가지 결론적 관찰

1911년 중립화 옹호자인 사이러스 프렌치 위커(Cyrus French Wicker)는 "중립화는 아직 100년도 채 되지 않은 새로운 주제"[1] 라고

---

1 Cyrus French Wicker, *Neutralization* (London, 1911), 88.

기록했다. 1968년 우리는 더 이상 중립화가 새로운 주제라고 주장할 수 없지만, 국제관계에 관한 진지한 문헌에서 상대적으로 무시되는 주제라고 주장할 수 있다. 중립화는 우리 시대의 가장 골치 아프고 위험한 갈등에 대한 건설적인 해결책을 제시할 수 있는 국정 운영 수단을 제공하기 때문에 이러한 무시는 불행한 일이다.

현재 국제 정세는 중립화가 국제정치에서 국가를 관리하기 위한 하나의 그럴듯한 장치로 만드는 방식으로 구성되어 있다. 제1장에서 지적했듯이 우리는 중립화를 정부가 국가 관리를 위해 사용할 수 있는 여러 도구 중 하나로 생각한다. 일방적 또는 집단적 군사력, 동맹 협정, 지역 및 세계적 수준의 준 의회 외교는 기타 도구들이다.[2]

외교의 유용한 수단으로서의 중립화는 한 지역에 대한 영향력 제고를 위해 외부의 치열한 경쟁과 수반되는 비용과 위험을 줄이기 위한 경쟁을 규제하는 강력한 주도권(incentive)의 조합을 전제로 한다. 즉, 중립화는 치열한 외부 경쟁 지역에서 중립화 문제를 분리하거나 적어도 군사적 형태의 경쟁 가능성을 줄이기 위한 타협된 합의를 나타낸다. 그러므로 중립화 협상 결과는 중립화 단일체를 외부의 국제적 갈등 양상으로부터 분리하는 것이다.

중립화 정권은 서로 다른 행위자들이 반드시 동일 혹은 유사한 이유로서 추구하는 것은 아니다. 예를 들어 일부 중립화는 자신을 위한 패권을 확립하기 위한 전략을 준비하기 위해 중립화 단체에서

---

2 국가 관리에 활용 가능한 수단의 범위에 대한 보다 광범위한 논의를 위해서는 이 책, 제1장; George Liska, *Alliances and the Third World* (Baltimore, 1968), 8-22.

국제적 경쟁자를 제거하는 방법일 수 있는 반면, 다른 행위자에게는 비용이 많이 들고 파괴적인 형태의 경쟁을 통해 체면을 옹호하는 장치일 수 있고, 중립화 상태가 후속 압력을 견딜 수 있는지 여부와 거의 관계없이 종료될 수 있다. 문자 그대로 중립화 달성과 유지는 다른 말로 하면 중립화를 진지하게 고려할 가치가 있다는 몇 가지 목표 중 하나에 불과하다. 따라서 중립화는 적절한 상황에서 다양한 행위자가 다양한 목표를 위해 사용할 수 있는 외교의 유연한 도구이다. 중립화의 필수적인 전제 조건은 타협이나 타협의 외관과 관련된 모든 행위자에게 수용 가능한 외교적 결과이고, 비록 상당히 뚜렷한 동기에 기반할 수 있지만 종료, 회피 또는 중립화된 조직을 통제하기 위한 군사적 형태의 경쟁을 유발한다.

일반적으로 중립화 조직의 정치 엘리트들은 중립화 지위를 승인하는 데 참여해야 할 것이다. 상황에 따라 서로 다른 동기들이 그러한 엘리트들의 중립적인 지위를 수용하거나 추구하려는 의지를 설명할 수 있다. 중립화된 정부의 동기와 관련된 다른 국가들의 정부 사이에는 어느 정도 일치가 있을 수 있다. 국가는 일반적으로 자신의 주권을 확인하고, 중립화는 정부가 행동하는 자유를 방해하기 때문에, 중립화의 개념은 국가의 독립과 복지가 위험에 처해 있다고 생각하는 정도까지만 매력적일 것이라고 가정하는 이유를 가진다. 중립화된 정부의 가장 직접적인 장려는 중립화를 통해 자신의 자율성과 안전을 증진하는 것이다. 중립화는 중립화의 지위 획득을 위한 후보자의 업무에 대해 강대국이 종료하거나 축소하거나 방해할 수 있다. 그러나 중립화의 상태는 다른 외부 행위자에 대한 충성의 기반을 제공하기 위해 특정한 형태의 외부 개입으로부터 국가를 제거하기 위한 단기적 방편으로 수용될 수 있을 것이다. 예를 들어 키프로스 정부가 그리스와의 은밀한 제휴 정책을 이행하는 방법으로 키프로스의 중립화에 동의하는 동시에 특히 보장 네트워크가 존재하는 경우 튀르키예의 간섭 가능성을 차단하는 것을 상상할 수 있었다. 그래서 일반적으로 중립화를 위한 후보의 대표는 해당 단체를 외부 경쟁으로부터 제외한다는 명백한 의미는 아니지만, 그 지위를 유익한 것으로 고려해야 할 것이다.

중립화 협정에서 서로 다른 참여자들의 그럴듯한 동기들에 대한 평가는 주어진 상황에서 중립화의 적용 가능성을 고려하는 데 필수적이다. 현실을 뒷받침하는 이해관계의 수렴 정도와 중립화의 형식은 국가를 관리하는 장치로서의 중립화의 안정에 큰 영향을 미친다. 교묘한 조작에 대한 불안은 다른 요인들이 동일할 경우 중립화 협상을 더 어렵게 만들고 그것을 유지하는 데 더 많은 경비를 들게 함으로써 강력한 집행 기구의 강한 요구를 유발하게 한다. 협상의 거래를 향해 중립화를 위한 후보 대표들의 태도는 대안적 행동 방침에 대한 평가, 중립화에 대한 보장 국가들의 약속 정도에 대한 인식 그리고 중립화의 틀에서 그들 자신의 국가 능력에 대한 인식과 자국의 능력에 대한 평가를 반영하게 되며, 중립화의 틀에서 그들 자신의 국가에 대한 자율성을 방어하게 된다. 외부 압력에 대한 어떠한 형태에 대한 자치권을 유지할 능력을 가지고 있는 스위스는 오늘날의 라오스와는 매우 상이한 국가적 상황을 보여 주고 있다.

우리가 도달한 결론은 그것이 복잡하면서도 잠정적이라는 것이다. 중립화의 수용 가능성은 외교적 대안들을 비교하는 장점들에 달려 있다. 중립화의 안정성은 중립국 자체에 대한 보장 국가들의 목적의 일치 여부에 달려 있다. 중립화의 유지는 보장국들의 선의를 포함해서 중립화된 국가의 자치 능력, 중립화 조건이 위태로워질 경우 조치할 수 있는 보장국들의 의지와 능력, 중립화를 보존하기 위해 설치된 어떤 기관의 효율성 등의 여러 가지 요인의 결합에 달려 있다.

중립화는 협상 과정의 산물이 될 것이며 종종 갈등이 확대된 분위기에서 수행된다. 협상가들은 그들의 목표와 중립화 방법들을 통해 목표를 추구하는 데 수반되는 비용 및 위험에 대해 명확하다면 여러 가지 외교 선택 중 하나로 중립화를 고려하는 것이 매우 타당하게 보인다. 그러나 중립화를 액면 그대로 또는 기존 상황을 확실히 개선할 수 있는 유일한 해결책으로 간주해서는 안 된다. 특정 사례에서 중립화의 적합성은 인식된 관심과 객관적인 문제들에 따라 다르다. 중립화 협상은 중립화된 국가와 외부 보호국들의 기대와 능력 사이의 일치를 반영해야 한다.

중립화와 현대 세계의 평화와 질서의 문제들

현 국제 체제에는 중립화를 국정 운영의 흥미로운 대안으로, 어쩌면 매력적인 대안으로 만드는 어떠한 특징들이 있다. 강대국들, 특히 미국, 소련, 중국은 제한된 능력의 정부가 통치하는 작은 국가에 영향력을 행사하기 위해 서로 다른 방식으로 경쟁하고 있다. 이러한 이류 국가들은 내부 분파주의와 외부 개입의 가능성에 시달리고 있다. 베트남 전쟁은 이러한 취약성 조합의 절정을 나타내고 있다. 동남아시아에 있는 다른 국가들도 유사한 취약성을 나타내고 있다.

일단 내전과 국제적 개입이 발생하면 군사적 상황은 일반적인 수단으로는 해결되지 않을 수 있다. 양측의 승리가 전망되지 않고 폭력적인 투쟁의 상황에서는 타협을 위한 모색이 이뤄져야 할 것이다. 그러나 타협은 양편이 교착 상태가 되거나 군사적 충돌이 예상될 경우 보호되어야 한다. 그러한 상황에서 중립화는 의무를 위한 파괴적인 경쟁을 덜 파괴적이거나 비파괴적인 경쟁적 투쟁으로 전환하는 제도를 제안할 수 있다. 그 결과 전장의 교착 상태에서 비폭력 교착 상태로 전환될 수 있다. 오늘날 세계에는 외부 국가들이 서로 적대적인 이해관계를 가지고 있는 실제적이거나 잠재적인 군사적 교착 상태를 나타내는 몇 가지 상황이 존재한다. 중립화는 또한 예를 들어 이전에 서로 폭력적으로 다투던 국내 정치 파벌로 형성된 연립 정부의 수용을 강화보다 광범위한 안정적 정치과정과 더 강화된 과정의 구성요소로써 생각될 수 있다.

추론할 수 있는 동일한 과정은 지구적 강대국이 아닌 지역적 강대국이 중요한 참가자인 단위국들의 통제를 위한 경쟁에 적용될 수 있다. 예를 들어 예멘에서 영향력을 행사하기 위한 투쟁은 중립화 지위를 가진 연합 정부를 위한 제안과 결합함으로써 여전히 통제될 수 있다. 이러한 환경에서 지역 행위자들은 주요한 보장국으로서 잘 활동하게 된다.

오늘날 중립화의 가장 중요한 기능은 외부 국가의 상당한 군사적 개입을 유도하는 파괴적인 내부 전쟁을 방지하고 이를 종식시키는 것이다. 중립화가 일반적으로 국제정치의 중요한 논쟁의 영역에서 한 조직을 효과적으로 제거하는 방법으로 사용되었던 과거의 시대와는 달리 현재는 명백한 물리적 통제 수단보다는 정치적 영향력과 이데올로기의 충성을 요구하는 경쟁이 더욱 특징적이다.

핵무기는 중립화의 현대적 의미를 강화하고 있다. 핵무기는 정치적 목적을 위한 폭력 사용에 대한 합리적인 한계와 폭력이 특정 한계를 넘어 확대될 때마다 존재하는 상호 파괴의 위험을 강조한다. 세계의 작은 국가일지라도 어떤 단계에서는 실제로 그러한 무기를 사용하여 상대방의 승리를 부정할 가능성도 있다. 그리고 바로 이 가능성은 타협을 모색하고 군사적 교착 상태를 정치적 조정으로 전환하려는 노력을 장려하는 경향이 있다. 특별한 경우를 제외하고는 이러한 요소들을 평가하기는 어렵지만, 2차로 중요한 정치적 영역에서 통제하기 위한 대립에서 어떤 대가를 치르더라도 승리하겠다는 국가적 약속의 개념을 잠식하는 것과 같다.

국가 관리를 위한 외교적 도구로서 중립화의 유용성은 실제 상황의 특성에 달려 있다. 그러므로 상황 분석을 대체할 수는 없다. 이러한 일반적 결론과 논평은, 중립화를 적절하게 관리하면 현실을 국제적 경향으로 만드는 것이 매력적이며, 아마도 가능할 것이다.

중립화의 관련성에 관한 제한들

현대 세계에서 국가 운영 수단으로서 중립화를 승인하는 데는 몇 가지 제한적 요소가 있다.

지위

중립국의 지위는 많은 국가의 정부에게 매력이 없다. 하나는 특히 중립화가 비무장화를 동반하는 경우 완전한 국가의 독립 달성과 관련이 있는 자유를 억압당하는 것 같이 보인다. 또 다른 예로 보장 국가들의 역할이 일종의 보호나 관리 역할을 포함하여 일부 외부 특권을 제안하게 한다. 보장 국가들의 정체성, 능력과 기대에 따라 어떤 외부의 지배 형태를 구축하기 위한 위장으로서 중립화가 사용될 상당한 위험성이 있다. 끝으로 제3장과 제7장에서 제안한 종류의 다른 적응이 이루어지지 않는 한, 중립화는 지역 및 글로벌 수준에서 특정한 집단안보 협정에 참여하는 것을 배제한다. 반면에 중립화는 정부와 엘리트들이 국내 정치, 사회 및 경제발전을 관리하는 데 몰두하거나 국제 분쟁과 경쟁에 참여하는 것을 제한하는 대가를 국가에 청원할 수 있게 한다.

규모

중립화는, 국제정치에서 중요한 독립적 역할을 수행하는 것으로 인식되는 국가 또는 다른 국가에 대해, 실행 가능한 조치로 보이지 않는다. 국가 자신의 외부 환경을 변경할 수 있는 상당한 능력을 가진 국가의 정부가 중립화를 수용할 것 같지는 않다. 예를 들면 독일은 유럽의 조직 내에서 매우 강력한 국가라는 사실을 제외하고는, 재통일을 달성하기 위해 중립화를 매력적인 지위로 만드는 것처럼 보이는 많은 상황적 특징을 제시한다.

최소한의 내부 생존력

중립화는 중립국 정부가 어느 정도의 급진적인 국내 반대를 포함하여 정상적인 상황에서 국내 질서를 유지할 수 있을 때 가장 쉽게 유지된다. 만약 정부가 무능하고 모든 보장 국가가 아닌 하나 이상의 국가와 효과적으로 연계된 국내 도전자에 의해 방해를 받을 경우 중립화가 유지되기 어렵다. 이러한 상황에서 중립화는 정치적 조정이 아니라 한쪽이 다른 쪽을 희생시키면서 위장된 승리의 형태일 가능성이 높다. 패배를 인정하는 것이 패배를 가장하는 것보다 더 나을 수도 있지만, 그 설정은 매우 불안정한 패배이다. 중립화 합의 직후 중립국 정부가 전복되는 경우 중립화 방안 위반을 주장하고 내부 투쟁으로 인한 불리한 결과를 방지하기 위해 개입 경쟁을 재개하려는 유혹이 강하게 된다. 이러한 유혹들은 일부 보장국들이 중립화를 진정한 교착 상태를 보호하는 것으로 간주하고 다른 보장국들이 중립화를 한 적대자의 승리를 승인하기 위해 설계된 전환 장치로 생각하는 경우가 있다.

시행

보장 국가들이 중립화를 실시한 후에도 이를 유지하기 위해 비대칭적 유인책이 있을 때 중립화의 효과에 대해 부여된 약간의 제한들이 있다. 만약 그러한 비대칭들이 인식된다면 협상 과정을 크게 복잡하게 만드는 정교한 보호 장치와 그 장치에 대한 요구들을 만들어도

될 것이다. 만약 중립화 국가를 통치하고 있는 정부가 확고한 정치적 지지 기반과 합리적인 통치 능력을 갖추고 있다면 시행에 대한 외부의 태도를 관장하는 시행의 경향은 덜 중요할 것이다. 만약 중립화 지속의 부담을 분담하기 위한 국제기구가 설치된다면 운영 능력 측면에서 그 적정성을 평가하고 그 절차와 방향이 중립화 협상에서 도달한 정치적 합의에도 부합하는지를 평가하는 것은 필수적이다.

일반적으로 중립화 국가의 정부 능력이 내부 질서를 유지하는 데 부족하거나, 보장 국가들이 그들의 전체 지역이나 세계적 지위에 불리한 정치적 변화를 방지하는 데 강한 관심을 유지한다면 중립화의 조치들은 불안정할 것이다. 하지만 여전히 중립화의 전반적인 유용성은 다른 대안들과 관련해서만 평가할 수 있다. 중립화는 매우 불안정해 보일 수 있지만, 그럼에도 불구하고 다른 대안들과 비교하면 여전히 가장 매력적인 외교적 전망을 제공한다.

중립화의 중요한 문제들

앞 장들이 보여 준 바와 같이 중립화 협정의 협상이나 유지를 포함해 많은 문제가 있다. 이 결론의 장에서는 이러한 요소 중 가장 중요한 요소를 간략하게 설명할 것이다.

내부 또는 외부 상황들의 변화

중립화를 가져온 중립화 국가 또는 정치적 환경에 영향을 미치는 많은 변화는 중립화 조치를 위태롭게 할 수 있다. 아마도 이런 종류의 가장 명백한 변화는 중립화를 기본적 국가이익에 대한 배신으로 간주하는 중립화된 국가에서의 정권의 권력 상승일 것이다. 주요 보장 국가 중 하나의 정권 또는 정치적 성향의 변화로 인해 유사한 결과들이 발생할 수 있으며, 특히 변화의 한 요소가 이전의 중립화 수락의 조건이 변경되었거나 경쟁적인 보장 국가들 쪽에서 위반으로 인해 신용이 떨어졌다는 혐의일 경우 특히 그러하다. 예를 들면 내부 또는 외부 상황들의 변화는 1962년 제네바 협정 이후에 라오스의 중립화 협정을 위협했다.

주요 행위자의 비동의

만약 중립화 협상이 관련자의 참여 없이 또는 이의 제기 없이 이뤄지면 그 실행 가능성이 줄어들 수 있다. 예를 들어 베트남에 관한 협상에서 중국의 불참은 최종 해결의 양태에서 특별한 취약성을 주입할 수 있다. 이러한 어려움들은 중립화된 정부 간이나 반대에 대한 보장국들의 이익 수렴의 깊이가 중립화의 전망을 평가하는 데 중요한 요소라는 일반 명제의 특별한 경우를 구성한다.

보장 불이행

일반적으로 중요한 또 다른 요인은 보장 국가들이 중립화 협정에 따른 그들의 권리와 의무의 성격과 그 행사의 기회에 대해 합리적으로 대칭적인 견해를 가지는 여부에 관한 것이다. 협력적이고 일방적인 행동을 위한 공통적인 틀의 문제가 한 수준 위에 있다. 또 다른 수준에서는 모호하거나 논쟁의 여지가 있는 사실을 이 틀에 비추어 해석해야 하는 문제가 있다. 이러한 상황에서 만약 보장국들이 허용되거나 분산될 경우 일방적 해석의 위험들이 존재하는 반면, 보다 의무적이고 중앙 집중화된 틀에 의한 보장의 일부가 공정하거나 집단적 해석을 달성하기 위한 절차가 수립될 경우 부동과 마비의 위험이 존재한다.

남베트남의 중립화

이 장의 첫 번째 부분에서 중립화에 대한 일반적인 논의는 베트남 전쟁의 전반적인 해결에서 하나의 요소 또는 구성 요소로서 중립화를 분석하기 위한 단계를 설정했다. 이러한 맥락에서 중립화의 주요 후보는 남베트남이다. 이러한 상황에서 중립화 협정은 남베트남에 대한 경쟁적 개입 확대와 관련된 확대의 위험을 규제할 뿐만 아니라 남베트남 내의 정치적 갈등이 덜 폭력적이고 파괴적인 방식으로 싸우는 상황을 만드는 데 유용할 수 있다.

물론 남베트남의 중립화 협정을 달성할 전망에 대해 지나치게 낙관적인 그림을 그리는 것은 의미가 없다. 이 영역의 중립화를 위한 전제 조건은 제4장의 중립화에 적합한 영역에 대한 논의에서 어느 정도 자세히 설명되었다. 일반적으로 이 논의는 이러한 가능성을 배제하지는 않겠지만, 외부 관련 당사자들과 남베트남의 내적으로 다양한 내부 파벌들 사이에서 동시에 중립화를 지원하는 이해와 기대의 수렴을 달성하기 어렵다는 점을 강조한다.

더군다나 이러한 이해와 기대의 이중적 집중성이 일반적인 의미에서 나타난다고 가정하더라도 구체적인 중립화 협정을 협상하는 문제들은 여전히 남아 있다.[3] 이 경우 협상의 문제들은 베트남 분쟁이 국제정치의 다른 문제들을 위한 상징적 중요성을 얻었고, 관련 당사자들의 평가와 기대의 지속적인 변동으로 인해 합의를 완료할 수 있을 만큼 오랫동안 특정 조건으로 단합된 상태를 유지하기가 매우 어렵기에 심각한 문제이다. 그러므로 모든 당사자가 남베트남에 대한 중립화 협정에 도달하는 데 관심을 가지고 있다 하더라도 각자가 추구하고자 하는 서로 다른 경쟁적 이해관계를 가질 것이며, 때로는 합의에 도달하는 데 있어서 각자의 이해관계보다 더 큰 영향력을 행사할 수 있다.[4] 이러한 상황에서 협상의 문제는 분쟁 또는 협상 과정의 단계를 정확하게 측정하고 갈등의 변화 양상을 활용하기 위한 외교적 주도권의 시기를 맞추는 참가자의 능력에 결정적으로 달려 있다. 예를 들어 관련 당사자들의 관점과 기대가 순간적으로 일치할 때 성공하는 동일한 주도권은 이 조건이 유지되지 않으면 완전히 실패할 수 있으며, 따라서 후속 단계에서 협상에 중요한 장애물을 만들게 된다.

협상 과정과 관련된 몇 가지 더 구체적인 문제는 남베트남을 중립화시키는 전망과도 관련이 있다. 상황이 장기 전쟁을 포함한다

---

3 이 책, 제5장.

4 여기에서 문제는 본질적으로 루션(Roussean)이 쓴 사슴을 쫓는 다섯 명의 사냥꾼에 관한 이야기에서 유래한 것과 동일하다.

는 사실은 협상 과정의 문제를 상당히 증가시킨다. 이러한 상황에서 중립화에 관한 모든 협상은 눈에 잘 띄게 될 것이 거의 확실하다. 당사자들의 행동은 광범위한 상징적 내용을 획득할 수밖에 없다. 참가자들의 경쟁적 이익은 많은 의사 결정자에 의해 강조될 가능성이 있다. 그리고 상호 의심하는 수준이 높은 경향이 있다. 추가로 모든 관련 당사자가 사용하는 협상 전술은 이러한 종류의 상황에서 협상 과정을 조건화할 수밖에 없다. 협상을 진행함에 있어 결과적으로 장애가 되는 요소에는 상호 약속한 전술의 사용과 관련된 경직성과 진지한 협상을 향한 첫걸음을 내딛기 위한 양보나 노력을 통해 약점을 드러내는 것에 대한 두려움 등을 포함한다. 이러한 종류의 문제는 때때로 중재자에 의해 건설적으로 처리될 수 있다. 그리고 남베트남을 위한 중립화 협정을 협상하기 위한 진지한 노력에서 중재자들의 중요한 역할이 있을 수 있다.

따라서 남베트남의 중립화를 달성하는 문제는 광범위하다. 그러나 남베트남에 대해 중립화 협정이 이루어질 수 있다고 가정하면 그 주요한 결과는 무엇인가? 남베트남 자체의 경우 그 결과는 협정의 효율성과 수명에 따라 분명히 다를 것이다. 그리고 이 중 어느 것도 미리 완전히 결정할 수 있는 요소가 아니다. 그러한 협정이 남베트남의 내부 정치에 대한 외부 개입의 영향을 감소시키더라도, 중립화의 본질상 남베트남에서 내전의 중단을 필수로 하는 것은 아무것도 없다. 실제로 성공적인 중립화는 국제 평화와 안보를 위태롭게 하지 않으면서 정치적 변형의 과정이 일어날 수 있는 기본 틀을 제공할 것이다. 그럼에도 불구하고 결과적인 과정에 상당한 비율의 폭력이 포함될 수 있지만,[5] 폭력은 의심할 바 없이 경쟁 개입과 관련된 폭력보다 덜 광범위할 것이다. 이러한 상황에서 그 결과는 남베트남이 가까운 미래에 달성할 가능성이 있는 자결권에 가장 가까운 근사치를 구성하게 될 것이다.

더욱이 북베트남과 남베트남의 궁극적 통일을 배제하는 중립화는 아무것도 아니다. 그러나 중립화는 통일이 달성될 수 있는 과정에 중요한 제약을 가할 수 있다. 중립화가 효과적으로 시행되는 한, 통일을 향한 모든 움직임은 외부 국가들에 의해 이 지역에 투사된 직간접적인 압력이 아니라 남베트남 내부의 정치적 과정에서 나타나야 한다. 그리고 이러한 제한은 어떤 상황에서는 유지하기 어려울 것이 분명하지만, 남베트남의 미래에 중대한 결과를 가져올 수 있다. 예를 들어 남베트남은 그 지역에서 궁극적으로 권력을 잡은 정권의 구성과 관계없이 독립을 선택할 가능성이 있다.

남베트남을 중립화하는 합의에서 비롯된 국제정치에서 국가 관리에 대한 시사점을 고려하는 것은 유용하다. 첫째, 중립화는 베트남 전쟁이 국제 교섭 평판, 약속 및 국제정치 게임의 기본 규칙에 미치는 영향을 최소화하는 장치를 나타낸다. 어느 쪽도 베트남 전쟁에서 결정적으로 승패를 가리지 못할 것이다.[6] 반대로 그 결과는 다양한

5 최근 인도네시아와 나이지리아의 사례는 대규모 폭력에 외부 개입이 없더라도 정치적 격변의 특징이 될 수 있다는 점을 잘 보여 준다. 그러나 이러한 사례는 대규모 폭력이 국제 체제의 안정을 위협한다는 점을 보여 주는 사례다.

6 원래 개입 국가 중 하나가 지지했던 정당이 내전이 끝나면 승리할 가능성이 있다. 그러나 그 시점에 도달하는 데는 시간이 소요되며, 그동안 다양한 모호함과 개입하는 사건으로

해석이 가능할 만큼 충분히 모호하고 흐릿할 것이며, 이는 베트남이 국제 분쟁의 다른 분야에 미치는 영향을 감소시키는 경향이 있다는 사실이다. 제4장에서 교착 상태를 베트남 중립화의 전제 조건으로 분류한 것도 이 때문이다. 중립화는 모든 관련 당사자에게 교착 상태를 종료하기 위한 매력적인 장치로 보일 수 있지만, 결정적으로 승리할 수 있다고 믿는 힘의 상징적 시험에 참여하기로 결정한 당사자에게는 거의 호소력이 없을 것이다.[7]

둘째, 동남아시아의 지역 관계와 관련하여 남베트남을 중립화시키려는 전망으로 몇 가지 질문이 제기된다. 이 지역의 정치적 특성들로 인해 남베트남 단독으로 중립화 조치를 성공적으로 이행하는 것은 어려울 수 있다. 그 지역은 현재 국가 관리를 위한 안정적인 지역 장치들이 없다. 그 지역은 내부적으로 실행 가능하지 않을 수 있는 여러 국가와 국가 간 경합의 오래된 축을 포함한다. 그러므로 그 지역의 설정은 공식적인 중립화 이후 남베트남에 대한 새로운 개입에 대한 주도권과 기회를 모두 생성하게 될 것이다. 그러나 동시에 남베트남의 성공적인 중립화는 동남아시아 내부의 국가 관리에 적어도 일시적으로 중요한 이득을 제공할 수 있다. 이 지역에서 국가를 관리하는 전통적 문제는 베트남 사람들이 어느 정도 단결되었

인해 원본의 그림이 모호해지는 경향이 있다.

7 예를 들면 중국인들은 베트남 전쟁을 그들의 조국 해방 전쟁론에 대한 결정적인 실험 사안으로 간주할 수 있다. 그리고 이러한 시각은 1965년 이래 다른 지역에서 중국의 외교 정책의 엄청난 실패로 더욱 악화될 수 있다. 만약 이 경우에 중국이 결정적인 결론에 도달하기 위해 전쟁을 수행하는 북베트남에 압력을 시도한다면 말이다.

을 때마다 팽창주의적 충동에서 나타났다.[8] 동남아시아의 갈등은 자주 태국-베트남(또는 동-서)을 중심으로 양극화되었다. 그러므로 남베트남의 중립화가 강력하고 통일되고 팽창적인 베트남에 대한 대안을 제공하는 한, 그러한 합의는 동남아시아 정치에서 전통적인 혼란의 원인을 규제하는 데 유용할 수 있다. 그리고 이 경우 규제 절차는 베트남 국민 사이에 규제로 인한 내전의 원인보다 확실히 비용이 덜 들고 덜 파괴적일 것이다.

셋째, 남베트남의 중립화는 베트남 전쟁이 발생했거나 악화시킨 동남아시아의 국가 관리와 관련된 몇 가지보다 일반적인 문제에 대한 협상의 길을 열 수도 있을 것이다. 그러므로 남베트남의 중립화는 라오스를 위해서나 캄보디아의 자체 중립화를 공식화하거나 그리고 사실상 태국에 있는 반군에 대한 외부 지원을 최소화하기 위해 고안된 의미 있는 조치의 대가로, 미군 철수 문제들을 위한 협정을 강화하는 그러한 문제들에 대한 더 많은 협정을 교섭하는 데 주도권이나 사전 조건을 만들 수 있을 것이다. 또한 이러한 근접한 정치적 합의는 동남아시아의 경제 및 정치 발전을 위한 조직화된 프로그램을 위한 길을 열어줄 수 있으며[9] 이 지역에서 장기적으로 국가를 관리하

---

8 동남아시아에서 국가를 관리하는 이러한 전통적인 문제에 대한 흥미로운 논의를 보려면 John T. McAlister, Jr., "The Possibilities for Diplomacy in Southeast Asia," *World Politics* XIX, no. 2 (January 1967): 258-305.

9 유엔 동남아시아 기구(예: ECAPE 및 메콩강 프로젝트)는 보다 체계적인 프로그램을 위한 기반으로 유용할 수 있다. 또한 미국은 베트남 전쟁 이후 그러한 프로그램을 수행하는 데 관심을 표명했다. 이러한 관심은 1965년 4월 7일 존슨 대통령이 존스홉킨스대학에서 처음 공식적으로 발표했다.

려는 노력의 성공을 위해 반드시 필요(충분하지는 않지만)하게 된 결과이다. 특히 동남아시아의 중립화 국가들에 대한 외부 원조 채널을 위한 공정한 메커니즘 개발의 필요성은 해당 지역의 경제적 및 정치적 개발 프로그램을 조정하기 위한 초기 노력에 필요한 박차를 제공하게 될 것이다.

마지막으로 남베트남의 중립화는 미국, 소련, 중국과 같은 주요 외부 국가들이 동남아시아의 국가 관리 문제를 지향하는 데 중요한 영향력을 가지고 있다. 만약 이 3개국 모두가 남베트남에 대한 중립화 협정을 맺는다면 중국의 팽창주의와 이 지역에 대한 미국의 과도한 개입이 줄어들 것이다. 그 결과 동남아시아의 국가 관리는 지역 당사자 간의 권력 구성 및 국가 관리를 위한 지역 장치의 개발과 밀접하게 연결될 것이다. 이와 관련하여 태국-베트남의 축을 중심으로 한 갈등의 급격한 양극화를 피할 수 있는 전망들이 특별히 중요해질 것이다. 반면에 중국의 참여 없이 남베트남의 중립화를 달성하는 것은 사실상 동남아시아에서 중국의 영향력이 크기 때문에 균형을 이루기 위해 소련, 북베트남, 미국 측에서 조정을 향해 사실상의 움직임을 의미한 것이다.[10] 이러한 상황에서 외부 국가들은 동남아시아에 깊은 관여자로서 남게 되지만, 그들의 개입 양상은 변경될 것이다.[11] 그 결과 동남아시아의 이중적 세력 균형(강대국가들과 지방

10 Oran R. Young, "Political Discontinuities in the International System," *World Politics* XX, no.3 (April 1968): 369-392.

11 여기서 2중 균형의 개념은 동남아시아에 대한 이해관계에서 주요 외부 세력 간 세력 균형과 동남아시아 자체 국가 간의 지역적 세력 균형이 결합되는 것을 의미한다. 이

국가 모두 포함)을 지향한 움직임이 있을 수 있다. 현존하는 외부 국가들의 입장에서 지방 국가들과 외부 국가들의 편에서 개입하고 있는 민간인들의 분쟁에 대한 위험한 조합과는 대조적이다.

중립화 국가들과 국제기구들

만약 영구중립의 국제적 공식 지위가 어떤 특정한 유형의 국제 상황에서 국가 관리의 유용한 수단으로 채택된다면 중립화 국가들과 국제기구들의 관계에 대해서도 관심을 가져야 할 것이다. 중립국은 다른 국가에 대한 군사적 개입과 미래의 적대행위에 연루될 수 있는 모든 행동을 삼가야 하기 때문에 이것은 심각한 문제이다. 그러한 의무가 있는 국가는 다른 국가들에 대해 군사적, 정치적, 경제적 제재를 가하거나 주요 경쟁 국가들과 연합하여 그들의 정치적 역할에 중요하다고 간주하는 문제에 대해 투표해야 하는 회원이 있는 국제 조직에 참여할 수 없다.

스위스는 국제연맹에서 이 문제에 직면했고, 경제적 제재와 구별되는 군사적 제재에서 스위스를 해방시키는 데 적격한 중립 상태를 성공적으로 실험하지 못했다. 유엔이 설립되었을 때 스위스 정부는 회원의 의무와 영구중립 의무 사이의 명백한 양립 불가능성 때문에

주제에 대한 보다 흥미로운 토론을 보려면 Coral Bell, "The Asian Balance of Power," *Adelphi Paper* No. 44 (February 1968) (Institute for Strategic Studies).

가입을 요청하지 않기로 결정했다. 그 문제는 오스트리아와 라오스의 유엔 회원국 자격과 관련하여 제기되지는 않았지만 영구중립이라는 국제적 지위를 공식적으로 확립하기 위한 안정적인 기반을 제공하는 방식으로 해결되지 않았다.

중립화 국가들은 유엔 회원국들로서 많은 문제점에 직면해 있다. 근본적인 문제는 '유엔 헌장' 제2조 제5항에 나와 있는데, "모든 회원국들은 현재의 헌장에 따라 유엔이 예방 또는 집행 조치를 취하고 있다"는 것이다. 영구중립의 상태와 이러한 의무의 양립 불가능성은 헌장이 채택된 샌프란시스코 회의에서 명시적으로 언급되었으며, 이 단락에 대한 투표는 중립 국가가 이 의무에서 벗어날 가능성을 배제하는 것으로 이해되었다.[12]

또 다른 문제는 안전보장이사회가 평화에 대한 위협, 평화의 파괴, 침략 행위와 관련하여 결의를 이행하기 위해 무력 사용을 포함한 조치할 수 있다는 헌장 39-43조의 조항들이다. 국제 평화와 안보 유지에 대한 군대의 기여는 안전보장이사회와 회원국 사이에 체결된 특별한 협정의 대상이지만, 원칙적으로 어떤 국가도 군사적 조치에 참여하는 것을 요구받지 않는다. 따라서 군사 제재에 참여하는 것은 의무 사항은 아니지만, 그러한 참여를 피할 수 있는 회원국의 능력은 안전보장이사회의 이해와 선의에 달려 있다. 중립국에 인접

12 이 질문은 다음에서 논의되었다. Hans Kelsen, *The Law of the United Nations* (London, 1950), 94; J. F. Lalive, "International Organization and Neutrality," *British Year Book of International Law* XXIV (1947): 72-89.

한 지역에서 국제 분쟁이 발생하거나 안전보장이사회 회원국이 영구 중립 의무에 호의적이지 않은 상황에서 그러한 국가는 두 가지 의무를 조화시키는 데 어려움이 있을 수 있다. 물론 안전보장이사회가 권고할 수 있는 비군사적 조치는 교전 행위를 수반하지 않지만, 그럼에도 불구하고 중립국이 미래의 적대행위에 연루될 수 있는 정책을 피해야 하는 의무와 양립하기는 어려울 것이다.[13]

영구중립과 유엔 회원국 간의 양립성에 관한 엄격한 법적 문제 외에 중요한 정치적 문제도 있다. 총회의 권고가 의무 사항은 아니지만, 회원국이 주요 경쟁 회원국 그룹 중 하나 다른 편에 서는 것을 요구하는 투표가 이루어지는 경우가 많이 발생한다. 어떤 경우에는 기권조차도 회원국을 분열시키는 정치적 문제에 대한 입장의 표현으로 해석된다. 국제적 긴장 상황에서 중립국은 분쟁 당사자 중 한쪽 또는 다른 한쪽의 편을 드는 것을 피하기 어려울 수 있다. 이러한 유형으로 논란의 여지가 있는 투표는 안전보장이사회에서 발생할 가능성이 가장 높기에 중립국이 안전보장이사회 국가로 선출될 자격이 있는지 아니면 3분의 2 이상의 다수 회원이 참석하고 투표하는 중요한 문제에 대해 총회에서 투표해야 하는지 의문이 생길 수 있다.

이러한 프로그램들은 영구중립이 공식적인 국제적 지위로 받아

13 오스트리아 사건과 관련하여 이러한 문제에 대한 여러 연구가 있다. Alfred Verdros, "Austria's Permanent Neutrality and the United Nations Organization," *American Journal of International Law* 1 (January 1956), 61-68; Felix Ermacora, *Österreichs Staatsvertrag und Neutralität* (Frankfurt am Main, 1957); Wolfgang Strasserk, *Österreich und die Vereinten Nationen* (Vienna, 1967), 34-49.

들여지기 위해서는 잠재적으로 작지만 그럼에도 불구하고 중요한 국가들의 범주에 헌장을 적용하기 위한 준비가 이루어져야 함을 제시한다. 유엔에서 영구중립의 지위에 대한 완전한 보호는 중립화 국가들이 안전보장이사회의 회원국이 될 자격이 없으며, 헌장 41-43조에 따라 요구되는 군사적 또는 비군사적 행동에 참여하도록 요청받지 않는다는 취지의 이해가 필요하며, 중요한 정치적 문제들에 대한 참여가 이뤄질 경우 기권의 형태로 총회의 투표에는 참여하지 않는 것으로 기대된다.

헌장은 영구중립 상태의 회원 국가에 대해 이러한 유형의 예외적인 대우를 시행할 수 있는 두 가지 가능성을 제공한다. 제48조는 국제 평화와 안보를 유지하기 위해 안전보장이사회가 결정하는 바에 따라 모든 회원국이나 일부 회원국의 참여를 요청할 수 있다고 규정하고 있다. 이러한 선택은 안전보장 이사회가 결정하고, 이행한 것에 대한 국가들의 참여를 면제할 수 있는 권한이 있으며, 중립국들이 면제될 수 있음을 제시한다. 이러한 유형의 면제는 어떠한 특별한 분쟁과 관련하여 실제로 이루어질 수 있다. 그러나 중립화 국가들을 면제하는 것은 헌장의 의도가 아니었고 안전보장이사회가 언제라도 영구중립 의무에 적대적 정책으로 되돌아갈 수 있다.

달성하기는 더 어려울지 모르겠지만 보다 만족스러운 해결책은 제안된 노선에 따라 유엔 내에서 중립화 국가들의 예외적 지위를 공식화하기 위해 제108조의 조항에 따라 헌장을 수정하는 것이다. 그러한 해법은 국제 질서를 유지하는 특별한 수단으로서 영구중립이 할 수 있는 역할의 중요성을 인식하는 동시에 중립화 국가들이 영구중립의 의무가 허용하는 범위 내에서 중립국들이 국제기구에 참여할 수 있도록 허용할 것이다.

부록

1. 라오스의 중립에 관한 선언
2. 라오스의 중립 선언에 관한 의정서
3. 통제에 관한 프랑스 의정서
4. 통제에 관한 프랑스 의정서를 보완하기 위한 10개 초안 조항
5. 중립화 조약의 모델 초안 개요

〈부록 1〉

라오스의 중립에 관한 선언
(DECLARATION ON THE NEUTRALITY OF LAOS)

미얀마연방, 캄보디아왕국, 캐나다, 중화인민공화국, 베트남민주공화국, 프랑스공화국, 인도공화국, 라오스왕국, 폴란드인민공화국, 베트남공화국, 타이왕국, 소비에트사회주의공화국연방, 대브리튼-북아일랜드연합왕국(영국), 미합중국의 정부들은 그 대표들이 1961~1962년 '라오스 문제 해결에 관한 국제회의'에 참가한바, 1962년 7월 9일 발표된 라오스왕국 정부의 중립 성명을 환영하면서, 라오스왕국 정부의 동의를 얻어 본 선언문에 불가분적 부분으로 포함된 다음과 같은 본문의 그 성명을 주목하며, 라오스왕국 정부는 1961년 6월 22일 자 취리히 공동성명과 1954년 제네바 협정의 원칙에 따라 라오스 국민의 이익과 염원에 일치하는 평화와 중립의 길을 따를 것을 결의하여 평화롭고 중립적이며 독립적이고 민주적이며 통일되고 번영하는 라오스를 건설하기 위해, 다음과 같이 엄숙히 선언한다.

(1) 대외관계에서 평화공존의 5원칙을 확고히 적용하여, 라오스의 독립과 주권에 대한 존중과 평등을 바탕으로, 이웃 국가들로부터 우선으로 시작하여, 모든 나라와 우호 관계를 발전시키고 수교한다.

(2) 라오스의 주권, 독립, 중립, 통합 및 영토보전을 보호하고 존중하는 것은 라오스 국민의 의지이다.

(3) 다른 나라의 평화를 해칠 수 있는 어떤 방식으로든 무력을 사용하거나 위협하지 않을 것이고, 다른 나라의 내정에 간섭하지 않는다.

(4) 라오스왕국의 중립성에 위배되는 그 어떠한 군사적 동맹이나 협정을 맺지 않을 것이다. 라오스 영토에 외국의 군사기지를 설치하는 것을 허용하지 않으며, 어떤 국가도 군사적 목적이나 다른 국가의 내정에 간섭할 목적으로 라오스 영토를 사용하는 것을 허용하지 않으며, SEATO를 포함한 어떠한 동맹이나 군사적 연합의 보호를 인정하지 않는다,

(5) 어떤 형태로든 라오스왕국의 내정에 대한 외국의 간섭을 허용하지 않는다.

(6) 의정서 제5조의 규정에 따라 모든 외국 군대 및 군사 요원의 라오스 철수를 요구하고 외국 군대 또는 군사 요원의 라오스 유입을 허용하지 않는다.

(7) 라오스의 주권에 대한 존중을 바탕으로 라오스왕국이 독립적이고 자치적인 국가 경제를 구축하는 데 도움을 주고자 하는 모든 국가로부터 직접적이고 조건 없는 원조를 받아들인다.

(8) 라오스 국민의 이익과 왕국의 평화와 중립의 정책에 부합하는, 특히 1962년 제네바 협정에 부합하는 조약과 협정을 존중하고, 그 원칙에 반하는 모든 조약과 협정을 폐지한다.

라오스왕국 정부의 본 중립 성명은 헌법으로 공포되어 법적 효력을 갖게 된다.

라오스왕국은 '라오스 문제 해결을 위한 국제회의'에 참가한 모든 국가 및 다른 모든 국가에 라오스의 주권, 독립, 중립, 통합 및 영토보전을 인정하여, 이러한 원칙을 준수하고 어느 면에서라도 이에 부합하지 않는 행동을 자제할 것을 호소한다.

- 1954년 제네바 협정에서 구체화된 라오스왕국의 주권, 독립, 통합 및 영토보전에 대한 존중과 내정에 대한 불간섭 원칙을 확인하고
- 라오스왕국의 중립에 대한 존중의 원칙을 강조하고
- 위에서 언급한 원칙들이 라오스 문제의 평화적 해결을 위한 기초를 구성한다는 데 동의하고
- 라오스왕국의 독립과 중립이 라오스왕국의 평화로운 민주적 발전과 라오스의 국민적 화합과 통합의 성취와 함께 동남아시아의 평화와 안보의 강화에 도움이 될 것임을 깊이 확신하여:

1. 1962년 7월 9일 자 라오스왕국 정부의 중립 성명에 표현된 라오스왕국 정부와 국민의 의지에 따라, 라오스왕국의 주권, 독립, 중립, 통합 및 영토보전을 모든 면에서 존중하고 준수할

것을 엄숙히 선언한다.

2. 특히, 다음 사항들을 수행한다.

(a) 그들은 (중립선언 서명국)은 라오스왕국의 주권, 독립, 중립, 통합 또는 영토보전을 직간접적으로 손상시킬 수 있는 행위를 저지르거나 그에 참여하지 않을 것이다;

(b) 그들은 라오스왕국의 평화를 해칠 수 있는 무력의 사용이나 위협 또는 기타 조치에 의지하지 않을 것이다;

(c) 그들은 라오스왕국의 내정에 대한 직간접의 모든 간섭을 자제할 것이다;

(d) 그들이 제안하거나 라오스왕국이 요청할 수 있는 지원에 정치적 성격의 조건을 첨부하지 않을 것이다;

(e) 그들은 어떤 식으로든 라오스왕국을 군사적이든 아니든 중립성에 위배 되는 군사 동맹이나 기타 협정을 체결하지 않을 것이며, 그러한 동맹을 맺거나 그러한 협정을 체결하도록 라오스왕국을 초대하거나 권장하지 않을 것이다;

(f) 그들은 동남아조약기구(SEATO)를 포함한 동맹이나 군사적 연합의 보호를 인정하지 않겠다는 라오스왕국의 희망을 존중할 것이다;

(g) 그들은 어떤 형태로든 외국 군대나 군사 요원을 라오스왕국에 도입하지 않을 것이며, 어떤 형식으로든 외국 군대나 군사 요원의 도입을 조장하거나 묵인하지 않을 것이다.

(h) 그들은 어떤 종류이든 라오스왕국에 외국의 군사기지, 외국의 요새 또는 기타 어떤 종류의 외국의 군사시설의 설립을

촉진하거나 묵인하지 않을 것이다.

(i) 그들은 다른 나라의 내정에 간섭하기 위해 라오스왕국의 영토를 이용하지 않을 것이다.

(j) 그들은 라오스왕국의 내정에 간섭하기 위해 자국 영토를 포함하여 어떤 국가의 영토도 이용하지 않을 것이다.

3. 라오스왕국의 주권, 독립성, 중립성, 통일성, 영토보전을 모든 면에서 인정하고 존중하며, 위의 원칙들이나 본 선언의 다른 조항들과 배치되는 그 어떤 행동도 삼갈 것을 모든 국가에게 호소한다.
4. 라오스왕국의 주권, 독립성, 중립성, 통합 또는 영토보전을 위반하거나 위반할 위협이 있는 경우, 위의 원칙들과 본 선언의 다른 조항들을 준수하는 데 필요한 것으로 판명될 수 있는 조치를 고려하기 위해 라오스왕국 정부와 공동으로 협의한다.
5. 본 선언은 서명과 동시에 발효되며 1962년 7월 9일 자 라오스왕국 정부의 중립 성명과 함께 국제적인 협정을 구성하는 것으로 간주 된다. 본 선언문은 영국 정부와 소비에트사회주의공화국연방 정부의 기록보관소에 보관되며, 보관소는 다른 서명국과 세계의 다른 모든 국가에 인증된 사본을 제공해야 한다.

이에 대한 증거로 아래의 전권위원들이 본 선언문에 서명하였다.

1962년 7월 23일 제네바에서 영어, 중국어, 프랑스어, 라오스어 및 러시아어로 각각 동등한 권위를 지닌 2부씩으로 작성됨.

〈부록 2〉

라오스의 중립 선언에 관한 의정서
(PROTOCOL TO THE DECLARATION

ON THE NEUTRALITY OF LAOS)

미얀마연방, 캄보디아왕국, 캐나다, 중화인민공화국, 베트남민주공화국, 프랑스공화국, 인디아공화국, 라오스왕국, 폴란드인민공화국, 베트남공화국, 타이왕국, 소비에트사회주의공화국연방, 대브리튼 북아일랜드연합왕국(영국), 미합중국의 정부들은;

1962년 7월 23일 자 라오스 중립선언에 관하여; 다음과 같이 합의했다;

제1조

이 의정서의 목적

(a) '외국 군사 요원'이라 함은 외국의 군대, 외국군의 고문, 전문가, 교관, 자문, 기술자, 참관인 및 기타 외국 군인을 포함하며, 라오스 내 무장 세력에 복무하는 외국인을 포함하며, 전쟁물자의 공급, 유지, 보관 및 활용과 관련된 외국 민간인을 포함한다;

(b) '위원단'이라는 용어는 1954년 제네바 협정에 따라 설립되고 캐나다, 인디아 및 폴란드 대표로 구성되어 인디아 대표를 의장으로 하는 '라오스의 감시 및 통제를 위한 국제 위원단'을 의미한다;
(c) '공동의장'이라는 용어는 '1961~1962, 라오스 문제의 해결을 위한 국제회의'의 공동의장들과 그들의 후임자들로서, 영국의 외무부 수석장관 및 소비에트 사회주의 공화국 연방의 외무장관을 각각 의미한다;
(d) '회의 구성원'이라 함은 '1961~1962, 라오스 문제의 해결을 위한 국제회의'에 참가한 국가들의 정부를 의미한다.

제2조

모든 외국의 정규 및 비정규군, 외국의 준군사조직 및 외국의 군사 요원들은 가능한 최단 시간 내에 라오스에서 철수해야 한다. 본 의정서 제3조와 제10조에 따라 위원단이 그의 사찰팀이 철수 지점에 임하였음을 라오스왕국 정부에 통보한 후 어떤 경우라도 30일 이내에 철수가 완료되어야 한다. 이 지점들은 본 의정서 발효 후 30일 이내에 제3조에 따라 라오스왕국 정부에 의해 결정된다. 사찰팀은 이 지점에 임해야 하며 위원단은 지점이 결정된 후 15일 이내에 이에 관해 라오스왕국 정부에 통보해야 한다.

제3조

외국의 정규 및 비정규군, 외국의 준군사조직 및 외국 군사 요원의 철수는 라오스왕국 정부가 위원단과 협의하여 결정하는 경로와 지점을 통해서만 이루어진다. 위원단은 이러한 모든 철수 지점과 시간을 사전에 통보받아야 한다.

제4조

외국의 정규 및 비정규군, 외국의 준군사조직 및 외국의 군사요원의 라오스 입국은 금지된다.

제5조

프랑스와 라오스 정부는, 라오스에 있는 프랑스의 군사시설을 라오스왕국 정부로 이관하는 조치를 가능한 한 빨리 종결짓기로 했다.

라오스 정부가 필요하다고 판단하는 경우, 프랑스 정부는 라오스의 군대를 훈련시킬 목적으로 제한된 수의 프랑스 군사교관을 제한된 기간 동안 예외적으로 라오스에 남겨둘 수 있다.

프랑스와 라오스 정부는 라오스에 있는 프랑스의 군사시설의 이관 문제와 라오스 정부에 의한 프랑스 군사교관의 고용 문제에 대한 합의를 공동 의장을 통해 회의 구성원에게 알려야 한다.

제6조

라오스왕국 정부가 라오스의 국방에 필요하다고 간주하는 물량만큼의 재래식 무기를 제외하고는, 전반적으로 무기, 군수품 및 전쟁물자를 라오스로 반입하는 것은 금지된다.

第7조

라오스에서 적대행위가 있는 동안 포로가 되었거나 억류되었던 모든 외국군인 및 민간인은 본 의정서가 발효된 후 30일 이내에 석방되어야 하며, 라오스왕국 정부는 그들이 선택한 목적지로 이동할 수 있도록 그들의 국적이 속한 국가 정부의 대표에게 인도되어야 한다.

第8조

공동의장은 위원단으로부터 주기적으로 보고를 받아야 한다. 또한 위원단은 이 의정서에 따라 취하는 모든 중요한 조치와 공동의장이 기능을 수행하는 데 도움이 될 수 있는 기타 중요한 정보를 공동의장에게 즉시 보고해야 한다. 위원단은 임무수행과 관련하여 언제든지 공동의장에게 도움을 요청할 수 있으며, 공동의장은 언제든지 위원단에게 일반적 지침의 수행을 권고할 수 있다.

공동의장은 회의 구성원에게 위원단의 보고서 및 기타 중요한 정보를 배포해야 한다.

공동의장은 본 의정서와 라오스 중립 선언의 준수를 감시해야 한다.

공동의장은 회의 구성원에게 지속적으로 정보를 제공하고 적절한 경우 그들과 협의한다.

第9조

위원단은 라오스왕국 정부의 동의를 얻어 라오스의 정전을 감시하고 통제해야 한다.

위원단은 라오스왕국 정부와 전면적으로 협력하고, 정전협정의 틀 내에서 또는 라오스의 세 정치집단이나 라오스왕국 정부에 의해 만들어진 정전에 관한 조치들의 틀 내에서 이러한 기능을 수행해야 한다. 정전의 실행에 대한 책임은 관련 세 정치집단의 당사자와 수립된 이후의 라오스왕국 정부에 있는 것으로 이해된다.

제10조

위원단은 외국의 정규 및 비정규군, 외국의 준군사조직 및 외국 군사 요원의 철수를 감시하고 통제해야 한다. 이러한 목적을 위해 위원단이 파견한 사찰팀은 본 의정서 제3조에 따라 위원단과 협의하여 라오스왕국 정부가 결정한 라오스의 모든 철수 지점에서 철수 기간 동안 상주해야 한다.

제11조

위원단은 본 의정서 제4조의 규정을 위반한 사실이 있다고 볼만한 타당한 근거가 있는 경우 이를 조사해야 한다.

위원단은 이 기능을 수행할 때 라오스왕국 정부의 동의를 얻어 행동하는 것으로 이해된다. 위원단은 라오스왕국 정부와 전적으로 협력하여 조사를 수행하고, 제4조의 위반 또는 위반하려는 위협과 제8조에 의거하여 본 조항이 취하는 모든 중요한 조치를 공동의장에게 즉시 알려야 한다.

제12조

위원단은 라오스왕국 정부가 본 의정서 제6조에 대한 위반이 발생했다고 판단하는 경우 라오스왕국 정부를 지원해야 한다. 이 지원은 라오스왕국 정부의 요청에 따라 완전한 협력을 통해 제공된다.

제13조

위원단은 라오스왕국 정부와 긴밀히 협력하여 이 의정서에 따른 기능을 수행해야 한다. 라오스왕국 정부는 모든 수준에서 위원단이 이러한 기능을 수행하는 데 가능한 모든 지원을 위원단에 제공하고, 라오스에서 활동하는 동안 위원단과 사찰팀의 안전을 보장하기 위해 필요한 모든 조치를 취할 것으로 이해된다.

제14조

위원단은 '1961~1962, 라오스 문제의 해결을 위한 국제회의'의 단일한 기관으로서 역할을 한다. 위원단의 구성원은 위원단의 위임 사항 내의 모든 문제를 해결하기 위해 서로 조화롭게 협력한다.

본 의정서 제2조, 제3조, 제4조, 제6조의 위반 또는 제9조에 언급된 정전과 관련된 문제에 대한 위원단의 결정과 공동의장에게 보내진 주요 문제에 대한 결론 및 위원단의 모든 권고는 만장일치로 채택된다. 절차상의 문제를 포함한 기타 문제와 조사의 개시 및 수행(제15조)과 관련된 문제에 대한 위원단의 결정은 다수결로 채택된다.

제15조

본 의정서의 관련 조항에 규정된 특정 기능을 수행함에 있어, 위원단은 위반이 발생했다고 간주할 합당한 근거가 있는 경우 조사(직접 또는 사찰팀을 파견하여)를 수행해야 한다. 이러한 조사는 라오스왕국 정부의 요청으로 또는 라오스왕국 정부의 동의를 얻어 활동하는 위원단의 주도로 수행된다.

후자의 경우 그러한 조사를 시작하고 수행하는 결정은 위원단에서 다수결로 이루어진다.

위원단은 특정 문제에 관한 조사에 대해 위원단 구성원 간에 나타날 수 있는 차이점이 표현될 수 있는 보고서를 합의하여 제출해야 한다.

조사 결과에 따른 위원단의 결론과 권고는 만장일치로 채택된다.

제16조

위원단은 그 기능을 수행함에 있어 필요할 경우 위원단의 3개 구성원이 동등하게 대표되는 사찰팀을 구성해야 한다. 위원단의 각 구성원은 위원단과 사찰팀 모두에 자국의 대표를 확보해야 하고, 그들이 이 임무를 수행할 수 없을 경우 즉시 교체 충원해야 한다.

다양한 특정 작업을 수행하기 위한 사찰팀의 파견은 라오스왕국 정부의 동의를 얻어 이루어지는 것으로 이해된다. 위원단과 사찰팀이 조사 목적으로 방문하는 지점과 해당 지점에서의 체류 기간은 특정 조사의 요구 사항에 따라 결정된다.

제17조

위원단은 임무를 수행하는 데 필요한 통신 및 운송수단을 자유롭게 사용할 수 있어야 한다. 이들은 원칙적으로 라오스왕국 정부가 위원단에 제공하고 상호 수용 가능한 조건에서 [그 비용을] 지불하며, 라오스왕국 정부가 제공할 수 없는 것은 위원단이 다른 출처에서 획득한다. 이러한 통신 및 운송수단은 위원단의 행정적 통제 아래 있는 것으로 이해된다.

제18조

위원단의 운영비용은 본 조의 규정에 따라 회의 구성원이 부담해야 한다.

(a) 캐나다, 인디아 및 폴란드 정부는 위원단, 및 그 보조기관의 구성원인 자국민 대표들의 개인 급여 및 수당을 지급해야 한다.

(b) 위원단과 그 보조기관을 위한 숙박시설 제공에 대한 일차적 책임은 라오스왕국 정부에 있으며, 라오스왕국 정부는 현지에서의 적절한 기타 편의도 제공해야 한다. 위원단은 라오스왕국 정부가 부담하지 않는 모든 현지 경비는 아래 (c) 호에 언급된 기금에 청구한다.

(c) 위원단이 그 기능을 수행하는데 발생한 기타 모든 자재 또는 운영비용은 회의의 모든 구성원이 다음의 비율로 기여하는 기금에서 충당된다:

중화인민공화국, 프랑스, 소비에트사회주의공화국연방, 영국 및 미국의 정부들은 각각 17.6%씩을 분담한다.

미얀마, 캄보디아, 베트남민주공화국, 라오스, 베트남공화국 및 타일랜드왕국의 정부들은 각각 1.5%씩을 분담한다.

위원단 구성원인 캐나다, 인디아 및 폴란드 정부들은 각각 1%씩을 분담한다.

제19조

공동의장은 라오스왕국 정부가 요청하는 경우 언제든지 그리고 어떠한 경우에도 본 의정서가 발효된 후 3년 이내에 위원단의 종료 문제에 대한 적절한 권고가 포함된 보고서를 회의 구성원이 검토할 수 있도록 제출해야 한다. 그러한 보고서를 작성하기 전에 공동의장은 라오스왕국 정부 및 위원단과 협의해야 한다.

제20조

이 의정서는 서명과 동시에 발효된다.

이는 영국 정부와 소비에트사회주의공화국연방 정부의 기록보관소에 보관되며, 보관소는 다른 서명국과 세계의 다른 모든 국가에 인증된 사본을 제공해야 한다.

이에 대한 증거로, 아래의 전권위원들이 본 의정서에 서명했다.

1962년 7월 23일 제네바에서, 영어, 중국어, 프랑스어, 라오스어 및 러시아어로 각각 동등한 권위를 지닌 2부씩으로 작성됨.

〈부 록 3〉

통제에 관한 프랑스 의정서
(FRENCH PROTOCOL ON CONTROL)

1961년 6월 6일, 쇼벨(Joan Chauvel)에 의해 '라오스 문제의 해결을 위한 국제회의'에 제안됨.

[공란: 서명국 정부들]은,

[공란: 날짜]에 체결된 정전협정에 대해 주목하고;

또한 [공란: 날짜]에 체결된 라오스의 중립에 관한 [공란: 문서이름] 성명서와 [공란: 다른 사항]들을 주목하며;

라오스의 중립이 효과적으로 보호될 수 있도록 고안된 조항들에 의거하여 1954년 7월 20일 자로 체결된 '라오스에서의 적대행위 중단에 관한 협정'을 보완하고자 희망하면서, 다음과 같이 합의했다:

제1조

1954년 협정의 제25조에 의거하여 설립된 '국제감시통제위원단'은, [공란; 날짜]에 체결된 '정전협정' 및 [공란: 날짜]에 체결된

'라오스 중립선언'의 규정들을 적용하는 데에 대한 감시 및 통제를 책임져야 한다.

본 의정서에 명시된 임무를 수행함에 있어 위원단은 라오스 정부와 긴밀히 협력해야 한다.

라오스 정부는 위원단을 지원한다. 위원단과 그 업무 요원이 요청한 지원이 모든 행정 및 군사 수준에서 제공되도록 보장해야 한다.

제2조

위원단은 3개 구성원이 동등하게 대표되는 고정 및 이동 사찰팀을 구성해야 한다. 이들 국가 중 어느 한 국가의 대표의 부재가 위원단 또는 그 업무팀의 업무수행을 배척하지 않아야 한다.

위원단은 사찰 업무를 효율적으로 가동될 수 있도록 사찰팀을 위해 충분한 수의 운영센터를 설치해야 한다. 이러한 센터는 특히 영토 안으로 입국하는 또는 영토 밖으로 출국하는 주요 지점에 설치되어야 한다.

위원단은 필요한 경우 운영센터를 변경할 수 있다.

제3조

위원단과 그 업무팀들은 증인을 청문할 수 있는 권한을 포함하여 임무 수행에 필요한 조사, 사찰 및 검증에 대한 모든 권한을 갖는다.

이를 위해 그들은 육로, 해상 또는 항공을 통해 라오스 전역에 자유롭고 제한 없이 접근할 수 있으며, 군사적 성격을 띠고 있거나 그럴 가능성이 있는 모든 비행장과 시설 또는 모든 단위의 조직 및 그 활동을 언제든지 자유롭게 사찰할 수 있다.

위원단과 그 사찰팀은, 민간용 또는 군사용이나 국내용 또는 해외용을 불문하고, 모든 유형의 항공기, 차량 및 하천 선박과 관련된 선박등록부, 적하목록 및 관련 문서에 접근할 수 있으며, 화물 내용과 승객목록을 확인할 권한을 갖는다.

제4조

위원단은 그 임무를 효과적으로 수행하는 데 필요한 모든 운송 및 통신 수단을 포함하여 충분한 보급품을 보유해야 한다.

위원단은 이러한 운송 및 통신 수단 및 이들의 유지보수에 필요한 시설을 자유롭게 사용할 수 있다.

제5조

라오스 정부는 위원단 및 특히 사찰팀의 안전을 보장하기 위해 필요한 모든 조치를 취해야 한다:

(1) 그들의 요청이 있을 경우, 그들의 처분에 따르는 보호 병력을 배치하는 것을 포함하여, 그들에게 전체적이고 완전한 보호를 부여해야 한다.

(2) 효율적인 임무수행을 위해 그들에게 신속하고 안전한 이동이 가능하도록 적절한 조치를 취해야 한다.

(3) 그들에게 직무수행에 필요한 모든 특권과 면책권이 부여되어야 한다.

제6조

라오스 정부 또는 위원단 구성원 중 한 위원의 요청이 있으면, 위원단은 적용 대상인 조항의 침해 또는 침해 위협을 지체 없이 조사해야 한다. 조사는 구성원 중 한 위원의 요청에 따라 사찰팀이 수행할 수 있다.

제7조

위원단 또는 사찰팀의 운영에 관한 결정 및 모든 절차상의 결정은 다수결로 이루어진다.

제8조

사찰팀은 위원단에 정기적으로 업무를 보고해야 한다. 또한 긴급한 조치가 필요한 사항에 대해서는 즉시 보고하여야 한다.

위원단은 구성원들에게 분기별 업무보고서를 보내야 한다. 긴급한 경우 특별보고서를 보내고 적절하다고 판단되는 조치를 제안해야 한다.

위원단 또는 그 업무팀 중 하나가 보고서에 동의하지 않는 모든 경우, 그들은 다수의견보고서와 소수의견보고서를 또는 3개의 개별 보고서를 제출해야 한다.

제9조

위원단은, 위원단이 종료될 수 있다고 회의 구성원이 동의할 때까지 그리고 어떠한 경우에도 1964년 7월 31일까지 존속한다.

공동의장은 위의 날짜까지 위원단의 업무를 계속하는 문제에 관해 회의 구성원에 보고한다.

라오스 정부 또는 위원단은, 위원단의 활동과 자원을 상황의 요구에 맞도록 조정하는 데 필요하다고 생각하는 조치를 회의 구성원에게 언제든지 제안할 수 있다.

제10조

위원단이 존속하는 한, 회의 구성원들이 [공란: 국가명]의 정부에게 신임한 외교공관의 수장들은 회의를 개최하여 그들에게 직접 전달되는 위원단의 보고서를 주목하고 논의해야 한다. 그들은 또한 위 조항에 규정된 제안 및 보고서에 대해 논의해야 한다. 이러한 회의는 1년에 최소 2회 개최되어야 하며, 필요한 경우에는 공관장 중 한 사람의 요청에 따라 위원 과반수가 동의하면 개최되어야 한다.

제11조

위원단과 그 업무의 비용은 다음과 같이 회의 구성원들이 분담한다: [공란: 구성원 비용 분담 비율].

제12조

본 의정서는 1954년 협정의 제6장을 포함하여 제26조에서 제40조까지의 규정들을 대체한다.

〈부록 4〉

통제에 관한 프랑스 의정서를 보완하기 위한 10개 초안 조항

(TEN DRAFT ARTICLES TO SUPPLEMENT THE FRECH PROTOCOL ON CONTROL)

1961년 6월 20일, 해리만(W. Averell Harriman)에 의해 '라오스 문제의 해결을 위한 국제회의'에 제안됨.

1. '국제통제위원단'은 라오스로 출입하는 군사 요원 또는 전쟁 장비가 통과해야 하는 장소들에 일정 수의 사찰초소를 설치한다.
2. 위원단은 라오스 정부와 회의 구성원들에게 이 초소들의 설치를 알린다.
3. 라오스의 파벌 세력들은 그들의 군대와 그들과 협력하는 외국 군대의 정확한 위치를 위원단에 알린다.
4. 1954년 제네바 협정에 의해 승인된 인원 이외에 외국의 모든 군사 요원 또는 군사고문은 일정 기간 내에 라오스에서 철수된다.
5. 위원단은 라오스 국방군에 소요되는 것보다 많은 무기 또는

전쟁물자의 소재를 라오스 정부와 회의 참가자들에게 보고하고, 그 무기를 어디로 보내야 할지 제안한다.

6. 라오스 정부의 국군 조직에 관한 성명서에서 지정되지 않은 그 어떤 무기나 전쟁물자도 라오스에 제공되지 않는다.
7. 모든 전쟁 포로 및 민간인 억류자는 의정서 발효 후 최대 10일 이내에 석방된다. 외국 국적의 포로에 대한 보상은 위원단에 의해 보장된다.
8. 라오스에서 적대행위 기간 동안의 활동으로 인해 그 어떠한 개인이나 조직에 대한 보복이나 차별은 없을 것이다.
9. 본 의정서의 조항들은 1954년 협정의 해당 조항들을 대체한다.
10. 본 의정서는 서명한 날부터 효력이 발생한다.

〈부록 5〉

중립화 조약의 모델 초안 개요
(DRAFT OUTLINE OF A MODEL TREATY OF NEUTRALIZATION)

[보장국들]의 정부와 [중립화된 국가]의 정부는 국제질서의 유지와 관련된 국민들의 평화적 발전을 위하여 [중립화된 국가]의 영구중립의 지위를 확립하기를 바라면서 다음과 같이 동의한다.

[중립화된 국가]의 정부는, 영구중립정책을 추구할 것을 결의하면서, 다음과 같이 엄숙히 선언한다.

(1) 본 정부는 어떠한 동맹이나 집단안보 협정에 가입하지 않을 것이며, 다른 나라의 국내문제에 영향을 미치기 위해 계획된 어떤 조약에도 참가하지 않을 것이다.

(2) 본 정부는 다른 나라의 국내문제에 간섭하기 위해 계획된 활동에 종사하거나 군사기지의 설치를 목적으로 하는 다른 국가들에게 자국영토의 허락하지 않을 것이며 또 이 선언이 있은 때에 존재할지도 모르는 그러한 기지의 철수와 그러한 활동의 금지를 요구할 것이다.

(3) 본 정부는 자국 영토에 자신의 안보와 방위목적을 위해 필요한 양의 재래식 통상 무기를 제외한 장비, 탄약, 전쟁물자의 반입을 허용하지 않을 것이다.

(4) 본 정부는 어떤 외국에 의한 간섭과 공격에 대해서 자신의 독립과 영토를 보전할 것이다.[1]

[보장국들]의 정부는, [중립화된 국가]의 독립과 영구중립은 국제질서의 유지에 기여할 것이라는 사실을 결의하면서 다음과 같이 엄숙히 선언한다.

(1) 그들은 모든 방법으로 [중립국명]의 독립, 영토보전 그리고 영구중립을 인정하고 존중하며 준수할 것이다.

(2) 그들은 [중립국명]의 영구중립을 직접 또는 간접적으로 손상시킬지도 모르는 이떠한 행동에도 인정 내지 참가하지 않을 것이며, [중립국명]의 평화를 손상시킬지도 모르는 힘의 사용 또는 힘이나 다른 수단의 위협에 의존하지 않을 것이다.

(3) 그들은 [중립국명]의 모든 국내문제에 직접 또는 간접적인 간섭을 삼갈 것이며, 그들이 제의하거나 [중립 국명]이 모색

1 이러한 점에서 다음의 일반 표현을 가진 부가 조항이 삽입될 것이다. "중립 정부는 장래에 자신을 다른 나라들 사이의 논쟁이나 국가 그룹 사이의 논쟁에 개입시킬지도 모를 행동을 하거나 정책을 위하지 않을 것이다." 중립화의 한정적인 형태에 본질적인 것으로서, 그러한 조항의 목적은 자신의 영구중립을 위태롭게 할 가능성이 있는 어떤 정책의 채택을 중립 정부로 하여금 하지 못하게 하기 위해서이다. 그러한 조항의 삽입을 하는 의도는 영구중립에 대한 스위스의 태도와 관련하여 본문에서 토의되었다. 26-32. 그러한 조항의 협상, 해석, 적용의 어려움을 과소평가해서는 안 된다.

할지도 모르는 어떤 원조에 대한 정치적 성격의 조건에 집착하지 않을 것이다.

(4) 그들은 군사적이든 또는 그 외의 방법이든 중립국의 중립에 어긋나는 어떤 군사 동맹이나 다른 협정에 어떠한 방법으로도 [중립국명]을 어떤 그러한 동맹에 가입케 하거나 그러한 협정을 체결하도록 권유하거나 고무하지도 않을 것이다.

(5) 그들은 [중립국명]의 독립과 영토보전을 방위할 것이며, 공동행동으로 동의할 수 없는 사건에 있어서 각자 자신의 방위를 할 권리를 유보할 것이다.

(6) 그들은 어떠한 동맹이나 협력의 보호를 인정하지 않으려는 [중립국명]의 희망을 존중할 것이다.

(7) 그들은 [중립국명]에 어떠한 형태로도 외국 군대 또는 군사 요원을 진주시키지 않을 것이며, 그들 또한 어떠한 형태로도 어떠한 외국 군사기지, 외국의 강력한 목표, 혹은 어떤 종류의 다른 외국 군사시설을 설립하지 않을 것이며 또한 촉진시키거나 묵인하지도 않을 것이다.

(8) 그들은 [중립국명]에 어떠한 형태로도 어떠한 외국 군사기지, 외국의 강력한 목표, 혹은 어떤 종류의 다른 외국 군사시설을 설립하지 않을 것이며 또한 촉진시키거나 묵인하지도 않을 것이다.

(9) 그들은 다른 나라의 국내문제에 간섭하기 위해서 [중립국명]의 영토를 사용하지 않을 것이다.

(10) 그들은 [중립국명]의 국내문제에 간섭하기 위해서 그들

자신의 영토를 포함하여 다른 나라의 영토까지도 사용하지 않을 것이다.

[보장 국가]의 정부와 [중립화된 국가]의 정부는 중요한 국제적인 제도로서 영구중립의 지위를 공동으로 설립하고 유지하기 위해서 노력할 것을 결의하면서 다음과 같이 엄숙히 선언한다.

(1) 그들은 모든 다른 국가들에 대하여, 모든 방법에 있어서 [중립국명]의 독립, 영토보전 그리고 영구중립을 인정 및 존중하고, 이 원리나 현 조약의 다른 규정에 어긋나는 어떠한 행위도 삼가기를 호소한다.

(2) 그들은 [중립국명]의 독립, 영토보전 또는 영구중립에 대한 침해 또는 침해위협의 경우에 있어서, 이 원리와 현 조약의 다른 규정의 준수를 확보하기 위해 필요한 것으로 입증되는 수단들을 고려하기 위해서, 그들 사이에 공동으로 자문할 것을 결의한다.

(3) 그들은 이 조약의 규정에 대해 침해가 있을지도 모르는 상황을 고려하기 위한 어떤 합리적인 근거가 있을 경우에 조사할 국제위원회를 설립한다.

(4) 그들은 이 국제위원회에 대하여 충분한 수로 수송과 통신에 적합한 이용과 필요한 법률적 기록을 가진, 고정되고 동원할 수 있는 조사팀을 포함한 그의 의무의 효과적인 수행에 필요한 모든 자원과 권한을 부여할 것이다.

(5) 영구중립 정책을 결의한 회원국들의 지위를 보장하려는

견해를 가진 국제연합의 다른 회원국들에게, 국제연합헌장은 다른 회원국들에게, 국제연합헌장은 영구중립 국가들이 : 안전보장이사회의 회원의 보호자가 되지 않을 것이며, 다른 국가들에 대하여 군사, 경제 및 정치적인 제재에 관여하도록 요구받지 않을 것이며 그리고 미래에 언젠가는 다른 나라들 또는 집단의 나라들 사이의 논쟁에 그들을 개입시킬지도 모르는 의견의 표현과 관련된 문제에 대하여 그들 자신들로 하여금 총회에서의 투표에 불참하는 것을 허락하도록 개정될 것이라는 사실을 추천할 것이다.

(6) 그들은 [보장 각 국명]과 [중립국명]의 동의, 이 조약의 규정에 있어서 어떠한 변화도 없을 것이라는 약속하에 이 조약의 규정을 재검토할 필요가 있는 것으로 고려할 것이다.

(7) 그들은 이 조약의 서명국으로부터 회의소집을 요구받았을 경우, 6개월 이내에 [보장 각 국명]과 [중립국명]의 대표들의 모임을 소집할 것을 동의할 것이다.

참고: 이 조약의 초안 개요는 중립화 정부의 전형적인 특성을 예로 들기 위해서 의도한 것이다. 본문을 통해 반복 강조한 것처럼 중립화의 구체적인 구현은 특별한 경우의 특별한 상황에 달려 있다. 어떤 유일한 조약 모델도 시도에 지나지 않는다. 동시에 어떤 모델 조약에 대한 평가는 중립화 개념을 공허한 추상 이상의 실질적인 것으로 전환시키는 것을 돕는다.

옮긴이 알림

강종일

경희대학교 정치학사와 연세대학교 행정학석사를 마치고, 미국 하와이 대학교 대학원에서 국제정치학 박사학위를 받았다. 대한일보 편집국 기자로 근무한 후, 주월남 미국대사관 행정관과 주미얀마 대한민국대사관 1등서기관을 역임했다. 현재 한반도중립화연구소장과 한반도중립화통일협의회장으로 활동하고 있다.

주요 저서는 『한반도 중립화 통일은 가능한가』(2001), 『고종의 대미외교: 갈등 · 기대 · 좌절』(2006), 『한반도 중립화로 가는 길』(2007), 『한반도 생존전략: 중립화』(2014), 『평화적 수단에 의한 평화』(공역, 2000) 등이 있다.

양재섭

서울대학교에서 이학사-이학석사-이학박사 학위를 마쳤고, 대구대학교에서 생명과학자(유전학 전공)로 30년 넘게 가르쳤다. 대구대학교 자연과학대학장과 대학원장을 역임했고, 한국유전학회 회장, 한국기독교교회협의회(NCCK) 화해통일위원회 부위원장으로 활동하였다. 정년 퇴임 후 북한대학원대학교에서 북한학 박사학위(정치 · 통일 전공)를 받았다. 현재 대구대학교 명예교수이며 한반도중립화통일협의회 공동회장과 한국중립화추진시민연대 공동대표로 활동하고 있다.

다수의 생명과학 관련 저 · 역서 외에 학위논문 『북한 생물학의 과학적 이데올로기 수입사』(2017)와 공저서 『한반도 중립화: 평화와 통일의 지름길』(2023) 등이 있다.

임상우

미국 뉴욕주립대학교에서 서양 현대사 및 서양 지성사를 전공하여 박사학위를 받았다. 서강대학교 사학과 교수 재직(1991-2018), 동 대학 부총장을 지냈다. 역사학회 법인 이사, 한국사학사학회 회장, 통합유럽연구회 회장 등을 역임했고, '한반도 중립화를 추진하는 사람들(중추사)' 사무총장(2020-2021)으로 활동했다. 현재 서강대학교 사학과 명예교수로 있으면서 한반도 중립화 시민운동으로 '중립코리아 국제연대'(IANK)를 창립하고 그 대표직을 수행하고 있다.
막스 베버의 『학문과 정치』를 비롯하여 유럽 지성사와 유럽 통합에 관한 여러 권의 책을 발간했다.